使える！労働法の常識

共産党で起きている問題から考える

著者：北出茂《Kitade Shigeru》（特定社会保険労務士）

執筆協力：油鳥《Aburatori》、砂川絢音《Sunakawa Ayane》、羽田野美優《Hatano Miyu》

あけび書房

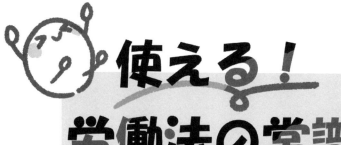

はじめに

本書で取り上げる、ハラスメントや労働問題は、どこでも起こりうる問題です。

本書は、私がこれまで取り組んできた労務問題、どの職場・組織でも起こりうる問題について、その原因、予防策、改善策、あなたが巻き込まれた場合の対処法について、一緒に考えていきたいという思いから執筆がされています。

とりわけ、ハラスメントや公益通報などの最先端で問題となっている事柄についても、一緒に考えていくことのできる書籍を目指しました。

その意味で、本書は「イマドキの指南書」といえます。

さて、本書を貫くテーマの一つであるパワハラは、非常に難しいテーマの一つでもあります。パワハラは証拠に乏しいことも多く、パワハラか叱責かは微妙な場合も多いのです。

企業のハラスメント対応の担当者として、パワハラの相談を受けた場合、心がけていたのは次のことです。

ハラスメントかどうかが微妙な場合、やり取りの入り口に「これはパワハラだ」「パワハラを認めよ」を持っていくと、パワハラ加害を認めたくない人（多くの場合は役職者）との間でたちまち暗礁に乗り上げてしまって、調査が前に進まなくなります。

そこで、証拠に乏しい場合や、パワハラか叱責かが微妙な場合には、最初にこう述べていました。

「私はその場にいてつぶさに観察したわけでないし、当事者の一方からしか聞き取りしていないので、現時点でパワハラがあったと断定するつもりもありません。だからこそ、双方の言い分を聞き取りたいのです。

それに、パワハラの訴えが寄せられるようなギスギスした職場でなく、和気あいあいとした職場の方が望ましいと思いませんか？　ギスギスした雰囲気にならないような職場をつくっていくために、より良い職場にするために、一緒に知恵を出し合いませんか？」

そうすると、相手方も納得して態度を軟化させるので、実質的な協議に入れます。

本書は、第Ⅰ部で「イマドキの指南書」として最新の重要な労働法規などの解説を試みた後、第Ⅱ部では具体的事例をもとに考察していき、第Ⅲ部で共産党の労基法違反の実態をアンケートで明らかにします。

先ほど、パワハラは証拠に乏しい場合やパワハラか叱責かが微妙な場合が多いことをお話しさせていただきました。しかし、本書第Ⅱ部で取り上げるパワハラは、全世界に放映されるなかでの公開パワハラであり、８００人で１人を人格攻撃して吊し上げるという「パワハラ以外の何物でもない」レベルのものです。

筆者は、23年ぶりに共産党の委員長が交代するというので、それなりに注目をしていました。

ところが、そのお披露目となる党大会で、組織的な人権侵害、異常ともいえる「集団パワハラ」が行われたのです。

それだけではありません。共産党界隈で、人権侵害やパワハラ・不当解雇が多発しているのです。

筆者は、これらのことを憂慮しています。

新自由主義が蔓延するなかで、共産党にはその歯止めの役割が期待されています。にもかかわらず、言行不一致なことをして、近しい人たちに人権侵害を繰り広げるのであれば、有権者が支持することをためらうのは当然です。

さらに、筆者はあらゆる人権侵害に反対する立場です。だとしても、何ができるのかを考えました。

自分の力では及ばないことはある一方で、自分だからこそできることもあるのではないか。

筆者は、「過労死防止法」の制定運動を推し進め、「働き方改革関連法」、「ハラスメント防止法」制定へつなげる一連の流れの渦中にいた人物の一人であると自負しています。そのなかで、共産党を含む政党関係者、国会議員、地方議員の方々にもご協力をいただきました。

また、あるときは特定社会保険労務士として、あるときは民間企業の法務部における部門長として、あるときは全労連系の労働組合の役員として、企業側でも、労働者側でも、数多くの労働相談・労務相談を受けてきた実務家でもあります。

そこで、最前線の現場にいる労働問題の専門家として、共産党の労働問題（党大会パワハラ、抗議した人へのパワハラ、不当解雇、残業代不払いなど）について、法的根拠に基づく見解を示していこうと考えました。

具体的な「生の事例」を挙げていますので、本書は、学生の方や民間企業で働かれている方や年金生活をされておられる方にもぜひ読んでいただきたいと思っています。

共産党のなかでこれ以上続いてはならない人権侵害の問題は、民間企業でも行われてはならないことです。いわば、反面教師として、他山の石としていただきたい。そういう思いがあります。閉鎖的な団体内部で発生した人権問題・労働問題に光を当てたいという思いも以前から持っていました。

そんなおり、2025年には、共産党に労基署が入り、伏魔殿ともいわれた闇のベールに包まれた組織の労働問題に公的にメスが入れられるという、歴史上はじめての「事件」が起こりました。

これを受けての「緊急出版」であるところに本書の特徴があります。

人権問題は互いにつながっています。本書で俎上にあげた事案は、人権を大切にする社会をつくっていきたいと願うすべての人にとって、憂慮すべき問題であり、社会全体に問題意識が広がっていくことを願ってやみません。

本書が、ハラスメントや労働問題、人権問題について考えていくことのできる一助となれば、筆者にとってこれほど嬉しいことはありません。

特定社会保険労務士・作家　北出　茂

使える！労働法の常識　共産党で起きている問題から考える　●もくじ

はじめに…3

第Ⅰ部　最新の重要な労働法規を読み解く…13

第1章　ハラスメントのない社会を～ハラスメント防止法の狙いと課題～…14
1　この章で考えていくテーマ…14
2　「働く者」の観点から、知っておくべきことと注意すべきこと…17
3　「経営上」の観点から、知っておくべきことと注意すべきこと…26
4　「人事担当者・管理監督者」の観点から、知っておくべきことと注意すべきこと…28
【第1章コラム】　アジアに広がる過労死・労災・ハラスメント…32

第2章　働く者のルールとブラック企業の見分け方…36
1　ブラック企業の見分け方…36
2　労働基準法～働き方の内容に関するルール～…39
3　危機に遭遇したときの選択…50
【第2章コラム】　男女ともに働きやすい社会の実現のために…53

第3章　さまざまな組織における労働問題〜その背景にあるもの〜…58
1　人権侵害・労働問題が発生する組織の闇に迫る…58
2　ハラスメントが発生してしまう組織の〈10の特徴〉…67
3　「治外法権であるかのように振る舞ってきた組織」に労働法を守らせるために…76
【第3章コラム】　ハラスメントの背景にあるもの…80

第Ⅱ部　共産党の問題事例から考える…85

第4章　田村智子委員長の壮絶なパワハラデビュー…86
序　日本共産党・党大会のパワハラ事件
　　―「排除より包摂」を掲げた議員への組織的攻撃…86
1　委員長の交代と鮮烈なパワハラデビュー…90
2　法律的な観点からみた「党大会パワハラ事件」…101
3　「人格攻撃」は法律的な観点からはどのように評価されるか…110
4　「集団での吊し上げ」は法律的な観点からはどのように評価されるか…112
5　民間企業であればどうなるか…114
【第4章コラム】　ハラスメント団体にありがちな無責任体質…119

第5章　党首公選制の提案者に対するパワハラ事件
～言論・出版の自由と松竹さんらに対する除名事件～…125
序　ジャーナリストは、なぜ、それでも共産党のハラスメントに立ち向かうのか…125
1　松竹伸幸さん・鈴木元さんに対する除名事件…128
2　志位さんを激オコさせた2つのポイント!!…131
3　共産党によるメチャメチャな憲法解釈…136
4　オウム真理教の人権侵害が防げなかったのはなぜか、
そして、共産党による人権侵害は防げないのか…139
5　松竹さんに対する組織的なパワハラ…144
6　そして、共産党除名撤回裁判へ（松竹さんに対するパワハラなどに法の裁きを）…154
【第5章コラム】「法の支配」について～形式的法治主義との違い～…158
第6章　おかしいことにおかしいと声を上げただけで不当解雇事件…163
序　マンガ評論家は、なぜ、組織の不正に立ち向かったのか…163
1　神谷貴行さんの紹介…166
2　事件の概要…167
3　1年半もの間、執拗に続けられたパワハラ…168
4　不当除籍と不当解雇…176

5 専門家が解説する神谷さんへのパワハラの認定と類型…186
6 これらの行為は民間企業であればどのように評価されるか…189
【第6章コラム】 適正手続を考える…193

第7章 弾圧されても労働運動をやめない若者たち…199
序 ～日本共産党の闇に立ち向かう勇者たち～…199
1 人権侵害・不当解雇に対する抗議行動…204
2 不当な圧力とたたかう～弾圧されても声をあげ、正義を重んじ誠実を貫く～…214
3 組織側の行為は法的観点からはどのように評価されるか…222
4 みなさまと共に考える…226
【第7章コラム】 人間らしい苦悩と人間らしい選択…229

第8章 労働者の賃金を未払いにする政党
～民青・共産党残業代不払い・各種の問題～…235
序 本邦初！ 政党職員の労働者性に切り込む…235
1 油鳥さんらのたたかい――日本共産党の労働基準法違反を告発する…240
2 共産党の労働問題を法的観点から分析する～日本共産党の労働基準法違反～…243
3 労働犯罪団体の暗部に迫る…249

4　イリーガルな組織としての共産党（党職員に聞く）…257
5　みなさまと共に考える…264
【第8章コラム】　政党の職員も「労働者」に該当する…266

第Ⅲ部　政党職員の労働環境の現在地…271

第9章　アンケートで明らかになった労基法違反の実態…272
序　「労働者を守る」といっている党が労働基準法を破り続けることが許されるのか？…272
1　日本の8つの政党職員の労働者性について…276
2　日本共産党および関連団体の労働環境について…278
3　日本共産党福岡県委員会の就業規則の情報開示文書…290
4　日本共産党福岡県委員会の36協定の情報開示文書…293
【第9章コラム】　共産党が政権に入ることの恐ろしさ…296

参考文献一覧…302

おわりに…306

第Ⅰ部

最新の重要な労働法規を読み解く

第1章　ハラスメントのない社会を
～ハラスメント防止法の狙いと課題～

1　この章で考えていくテーマ

（1）ハラスメント防止法がつくられるまで

筆者は、志を同じくする方々と共に、かねてから「ハラスメント防止法」の制定と「長時間労働防止法」の制定を求めていました。かつて、これらの法律はこの国には存在しなかったのです。

そのようななかで、ワタミの過労死事件、電通での過労死事件など、痛ましい事件が発生しました。世界的にみても異常な労働環境がはびこるなか、〝Karoushi〟が国際語となったのです。

そのようなおり、師である森岡孝二先生（関西大学名誉教授）に過労死防止法制定運動の事務局にお声がけをいただきました。

師はいっておられました。

「過労死防止法」をつくることができれば、「長時間労働を制限するための法律」や「パワハラを防止する法律」をつくることができる。その流れができるんだと。そのためにも、まず、誰もが反対できない内容の法律、「過労死防止法」をつくらなければならないんだと。

遺族をはじめとする多くの方の思いをのせて、人間らしく生きることができる労働環境を求めて、過労死防止法の立法制定運動は始められました。

オンライン署名などがない時代に、直筆で紙の署名を集め続けました。ありがたいことに多くの賛同者を得て、52万筆の署名を集めることができました。そして、国会で院内集会を開き、国会議員や霞が先の官僚に要請を重ねました。

幸いにも、私たちの運動は世論を動かし、法制定へとつながり、「過労死防止法」は無事に制定されました（2014年）。

もちろん、当初、私も携わって作成された原案では、企業側にもっと厳しい責任を負わせるような内容でした（過労死を出した企業を処罰する内容も含まれていました）。

衆参両議院で大幅に修正されて、今のような形になったわけです。

しかし、「過労死を出さない」ことが、国・自治体・民間企業の義務とされたことには大きな意義があると考えています（過労死防止法4条参照）。

そもそも、過労死問題に関しては30年以上の闘いがありました。

当初、過労死という言葉すらなく「働くことによって死ぬことなどあるわけがない」という疑問の声が向けられていたなかで、何の認定基準もないなかで裁判が始められたのです。当然のように、当初の裁判では負け続けました。認定基準すらなかったのだから当然です。負け続けてきた累々たる屍の上に、現在の過労死の認定基準や過労死防止法があるのです。

さらには、長時間労働防止やハラスメント防止の流れが生み出されました。

(2) どこでも起こりうる問題としてのハラスメント

「過労死防止法」の制定が、「働き方改革関連法」(長時間労働の防止)と「ハラスメント防止法」の制定につながったのですから、森岡先生の狙いは見事に当たったといえます。

しかし、それらの法律が制定された今日においてさえ、いまだに、過労死・長時間労働・ハラスメントがなくなったとはいえません。

さまざまな表向きは立派な企業において、陰湿なパワハラや違法行為が行われ、人権が侵害される事件が頻繁に起こっています。

コンプライアンス違反で企業が制裁を負うたびに、その原因と対策が議論され、ハラスメント防止法と公益通報保護法の実効性が改めて議論の俎上に上がったりもしています。

本書で取り上げる、ハラスメントや労働問題は、どこでも起こりうる問題です。

本書では、筆者がこれまで取り組んできた労務問題、どの職場・組織でも起こりうる問題について、その原因、予防策、改善策、あなたが巻き込まれた場合の対処法について、一緒に考えていければと思っています。

第1章は、いわば理論編として、ハラスメント防止法を中心に、経営上の観点、人事担当者・管理監督者の観点、働く者の観点から、注意すべき事柄などについて解説を加えていきます。では、始めていきましょう。

2　「働く者」の観点から、知っておくべきことと注意すべきこと

まず、ハラスメントの背景にある問題点と解決策を探っていきます。

組織とハラスメントについて、主に働くものの立場からお話しさせていただきます。また、サークルの内部や市民団体の内部であっても、このような問題は生じうるのではないかと思います。一緒に考えていきましょう。

(1)　ハラスメントの種類と法規制

ハラスメントについて、法はどのような規定を置いているのでしょうか。

それらを禁止する法があるにもかかわらず、なぜ現場レベルではハラスメントと考えられる事例が頻発しているのでしょうか。

ここでは、なぜ職場でハラスメントが頻発するのか、その背景について考察していくことにより、その謎に迫り、解決策の提言を試みます。

冒頭では、職場におけるハラスメントの類型と法規制について叙述していきます。

1―1　パワハラとは

パワーハラスメント（以下、パワハラ）とは、「いじめ」のことをいいます。労働分野ではハラスメント防止法（総合施策推進法）がつくられました。また、労働契約法も、使用者は雇用契約を結ぶに当たって、労働者が安心して働ける環境を提供する義務があることを定めています（労働契約法5条［安全配慮義務］）。

しかし、職場におけるパワハラやいじめだけが規制されているわけではありません。

そもそも、パワハラやいじめは民法709条でいう不法行為に該当するからです。パワハラが原因となって損害が発生したような場合、上司や会社にはその賠償をする責任があります（民法709条［不法行為］、民法715条［使用者責任］）。

行政解釈としても、厚生労働省が「パワーハラスメント」の定義を発表し、報告書を公開しています。厚生労働省ではパワハラを左表のとおり6種類に分類しています（厚生労働省　平成24年1月30日、ワーキング・グループ（WG）報告）。

1―2　パワハラに関する考察　～類型化も規定も極めて不十分という認識を～

私たちはパワハラについても法制定を求めてきました。ハラスメント防止法に関しても院内集会が開かれています。法制定の段階においてもヒアリングに協力するとともに政策提言をしています。

表1　職場のパワーハラスメントに当たる行為の類型

1	身体的な攻撃
2	精神的な攻撃
3	人間関係からの切り離し
4	過大な要求
5	過小な要求
6	個への侵害（プライバシーや個人の自由の領域の侵害）

表2　パワーハラスメントに当たる行為の具体例

・暴行・傷害（身体的な攻撃）
・脅迫・名誉毀損・侮辱・ひどい暴言（精神的な攻撃）
・隔離・仲間外し・無視（人間関係からの切り離し）
・業務上明らかに不要なことや遂行不可能なことの強制、仕事の妨害（過大な要求）
・業務上の合理性なく、能力や経験とかけ離れた程度の低い仕事を命じることや仕事を与えないこと（過小な要求）
・私的なことに過度に立ち入ること（個の侵害）

※パワーハラスメントの対象には、上司から部下への行為だけでなく、同僚間や部下から上司への行為も含むものとしている。

現在も「ハラスメント防止法」ができたことは喜ばしいことですが、＜内容面＞でも、＜形式面＞でも、不十分な点が多いと考えています。

＜内容面＞では、たとえば、このパワハラの６類型というのは極めて不十分だと考えています。

具体的には、私たちは「長時間労働自体がパワハラである」と考えています。

長時間労働自体が人間の健康を害する要因でありパワハラだということが、いまだに明記されていないのは残念に思います。

さらには、「違法な業務命令自体がパワハラである」と考えています。

このことも明記されていないのは、日本がパワハラ後進国であることの現れだと思います。

〈形式面〉でも、ハラスメント防止法は、労働総合施策推進法のなかに規定がおかれました。推進法の規定だけでなく、やはり、労働基準法のなかに、類型ごとの差別禁止規定をおき、禁止される不利益取り扱いのなかにハラスメントを含んでおくべきであったと考えています。

2—1　セクハラとは

セクシュアル・ハラスメント（以下、セクハラ）は、性的嫌がらせのことをいいます。セクハラに関して、法は「事業主は、職場において行われる性的な言動等によって労働者の就業環境が害されることがないように必要な措置を講じなければならない」と規定しています（男女雇用機会均等法11条1項）。

2—2　セクハラに関する考察～女性保護、母性保護という法の理念の徹底を～

ワーキングプアーや貧困層の拡大が大きな社会問題になり、少子化対策が議論になっています。しかし、その一方で、女性労働者の6割が第一子出産の時に辞めています。「6割」という数字の背後には、辞めざるを得ない状況に追い込まれてしまう多数の女性の苦しみや悲しみがあります。出産・育児は、社会の成り立ちともかかわる問題です。だからこそ、法は、女性を保護し、母性を保護しているのです。

しかしながら、母性保護という法の理念とは裏腹に、社会全体の成立を無視した理屈が現場においてはいまだにまかり通っているわけです。

女性管理職の積極登用など、女性の活躍促進が進められています（男女共同参画白書）。しかし、これは女性を「男性並み」に活躍させようという視点からなされている政策である点に留意せねばなりません。

男女同権であることは当然ですが、男女は同質ではありません。男女間には、肉体的・体力的なハンデというものが存在します。

不条理な差別は是正されなければいけないことは当然です。一方で、子どもを産み育てる性であるということに鑑みて、母性保護という観点から定められている本来のまったく基本的な権利が保障されていないということの問題性を、もっと認識しなければなりません。

女性保護・母性保護という法の理念が徹底されなければならないと切に思います。

女性は、妊娠・出産はもちろんのこと、育児や介護までが「家事」全般として女性の仕事になってしまっている現状があります。

かつて「企業戦士」という言葉がはやりましたが、仕事のために身も心もささげられる健康で有能な人々で満たされているべき職場という考え方は、ハンデを負った「非効率」な労働者に対するハラスメントを引き起こします。

このような「排除の論理」が働いてしまうことを防ぐためには、性差別を規制する均等法だけでは不十分です。

均等法の規定だけでなく、やはり、労基法のなかに、類型ごとの差別禁止規定をおき、禁止される不利益取り扱いのなかにハラスメントを含んでおくことが必要だと考えます。

いのです。「ハラスメントをやめてほしい」という場合には、以下の対処法を検討しましょう。

（2）ハラスメントから身を守る方法

①社外の公的機関に相談する

「ハラスメントに関する悩みを聞いてほしい」という方には、厚生労働省が管轄している総合労働相談コーナーがおすすめです。

職場トラブルについて相談できることはもちろん、メンタルヘルスの改善が望めるほか、改善されないパワハラに対して法的に動いてもらうこともできます。

②専門家に相談する

ハラスメント問題では、専門家（特定社会保険労務士、労働分野が得意な弁護士、労働組合）に相談するのがおすすめです。

相談することで、パワハラやセクハラの証拠集めや訴える際にアドバイスをしてもらえます。その後の展開を有利に進められます（場合によっては損害賠償請求ができます）。

労働組合や特定社労士・労働弁護士はケースに応じてさまざまな対応をしておりますので、自力で対応するよりも早期解決が望めます。

具体的には、ハラスメントについて会社と交渉してくれたり（法の範囲内で）、労働審判や裁判で心強い味方になってくれたり、損害賠償を請求してくれたり、場合によっては刑事告訴の書類の作成を依頼できたりもします。

③役員や上司の上司に相談する

直属の上司だけが執拗にパワハラをしてくるような場合には、役員もしくは上司の上司に相談するのも有効でしょう。

パワハラをする人間は、自分より弱い立場の人間に強くあたり、強い者には媚びるタイプであることが多いです。役員もしくは上司の上司を味方につけることができれば、パワハラ上司の動きを封じ込めることができるでしょう。

④ハラスメント委員会・第三者委員会に相談する

ハラスメント防止法により、ハラスメント防止体制を構築することが求められています。そこで、ハラスメント委員会に相談をするのも一つの手です。双方の主張が食い違っている場合には第三者委員会に申立てを行いましょう。第三者委員会がなければ行政対応・司法対応をせざるを得ないので、第三者委員会の設置を要望してみることをおすすめします。

（3）パワハラと労災

3―1　パワハラでも労災は認められます

労災とは、「業務中または通勤途中に、社員が負傷したり病気を患ったりすること」です。典型例としては「工場での業務中に現場環境が悪くて身体にケガをした」といった場合が挙げられます。

そのほかにも、「上司の暴言や嫌がらせが原因で精神疾患を患った」「過重労働（仕事量・労働時間が多い）により体調を崩してしまった」などの場合でも認められる可能性があります。

身体障害だけでなく、精神障害の場合にも、労災として認定される可能性があります。

パワハラが原因で体調を崩してしまったり、パワハラが原因でけがを負ったり、病気になったりした場合などです。

3―2　パワハラの場合に適用される労災認定基準

労災認定がされれば治療費や休業補償などを受け取れます。

労災保険（労働者災害補償保険）を受給するためには、認定基準を満たしていなければいけません。

パワハラに関する主な労災の認定要件は、以下の3つです。

①精神障害を発症している

②発症前おおむね6ヶ月間に業務による強い心理的負担が認められる

③職場以外の心理的負荷によって発病したものではない

まず、①の認定基準について補足説明をしておきます。

労災認定されるパワハラ被害として典型的なものが「精神的な被害」です。代表的な例として、うつ病・適応障害・心因反応・心因障害・睡眠障害などがあります。精神障害は、外的要因からのストレスが個人の許容範囲を超えてしまった場合に発症すると考えられており、パワハラが原因で発症することも珍しくありません。医師による診断のもと、精神障害を発症していることが明らかであれば、認定要件を満たしていると考えてよいでしょう。

次に、②の心理的負荷について補足説明をしておきます。

〈心理的負荷による労災認定基準〉は明確で、1999年に厚生労働省が発表した「心理的負荷評価表」に基づいて判断します。

これは、発症前の6ヶ月間に職場で起きた出来事をすべて評価表に記録し、ストレスの強さをⅠ・Ⅱ・Ⅲの3段階で評価するというものです。

パワハラは、もっともストレスの強い「Ⅲ」（ランク3）と評価されており、「強い心理的負荷がかかっている」と判断されやすい行為に該当します。また、退職強要も、もっともストレスの強い

「Ⅲ」（ランク3）と評価されています。実際には、労働基準監督署の調査の下で判断されますので、「強」でなければならないというわけではありません。

最後に、③についてですが、心理的パワハラ被害者が労災認定を受けるためには、傷病の発症との間に業務起因性・業務遂行性があることが必要です。

なお、認定には労働基準監督署への申請が必要です。労災認定を受ける前に書類作成や証拠準備などの手続きを専門家（社会保険労務士など）に相談しておくこともおすすめです。

3 「経営上」の観点から、知っておくべきことと注意すべきこと

(1) ハラスメントは人の命にもかかわる重要な事柄

ここでは、経営上の観点から、ぜひとも知っておいてほしい事柄を挙げます。

厚生労働省の通達やマニュアルでは、ハラスメントは「人の命にもかかわる重要な事柄」である旨が記載されております。

現に電通事件で亡くなられた女性である高橋まつりさんは、長時間労働とパワハラによってうつ病を発症し、うつの結果、過労自死されました。ハラスメントは命にもかかわる問題なのです。

（2）ハラスメントが行われる職場よりもハラスメントがない職場の方が労働生産性が高い

ハラスメント対策は、企業の経営上の観点からも重要であるということが社会的にも明らかになっています。

要するに「ハラスメントが行われる職場よりもハラスメントがない職場の方が労働生産性が高い」というデータが出ているのです。

考えてみれば、気持ち良く働ける職場の方が、長い目で見れば労働生産性が上がるのは当然です。

それどころか、企業がせっかくお金と時間をかけて人を育てたのに次々と退職されてしまっては、労働生産性が低くなるのは当然です。あるいは人材が集まらないということにもなりかねません。

気持ち良く働ける職場の方が、当然、人も辞めにくく、労働生産性が高いというわけです。

（3）心理的安全性

Googleという企業は、「心理的安全性」という言葉を広めたことで有名です。

「心理的安全性」とは、誰でも安心して自由に意見をいえる状態のことをいいます。

そういう基準として、「心理的安全性」というキーワードが用いられ、何でも自由に安全に物事をいえる雰囲気というのがとても大事にされています。

会議でも、自由闊達な議論が行われることが望ましいというわけです。活力のある会社にはそういう風土があります。

逆にいえば、「心理的安全性」が確保されていない組織、同調圧力が強い組織には、パワハラが行われる土壌があるということでもあります。必要以上に特定の考え方を強要される（意見を抑圧される）組織は、ハラスメント体質を内包した組織といえるかも知れません。

4 「人事担当者・管理監督者」の観点から、知っておくべきことと注意すべきこと

人事担当者や管理監督者には、ぜひとも知っておいてほしい項目です。

法律上ではパワハラについて明確に定義されていませんが、厚生労働省では、「以下3つの要件を満たすもの」と定義しています。

① 優越的な関係を背景とした言動であること
② 業務上必要かつ相当な範囲を超えたものであること
③ 労働者の就業環境が害されるものであること

人事担当者や管理監督者は、文字通り「優越的」な立場にあるので、その言動の一つひとつがハ

ラスメントになりかねないわけです。

(1) ハラスメントにならないための注意点

ハラスメントが起こる原因の一つに、加害者が「自分を標準化してしまう」という習性が挙げられます。

自分のなかでの常識や能力水準を、他人にも要求してしまうのです。

しかし、自分を標準化（スタンダードに）してはいけません。

会社の管理職にはベテランが多いので、経験豊富であることが多いです。しかし、新米のときには仕事ができなかったことを忘れてはならないはずです。

多くの人に育てられてきたにもかかわらず、はじめから仕事ができたような勘違いをしてはいけないはずです。

会社で管理職になる人などは、仕事ができるからこそ、そのような地位にいるわけです。しかし、誰もがそうとは限らないのです。ですから、仕事ができないなどと簡単には叱責すべきではないのです。

ましてや、人はそれぞれ違うということを考慮しないで一方的な価値観を押し付けることにも抑制的であるべきなのです。

（2）パワハラと叱責との区別

問題となるのは仕事ができないような場合における、あるいはミスしたような場合における「業務上必要な叱責」と「法律上禁止される違法行為としてのハラスメント」の区別基準です。

ここでは、「内容の問題」と「程度の問題」に分けて判断がなされます。

「内容の問題」としては、相手の言い分を聞かずに一方的な決め付けを行ったり、感情的になったり、相手の人格を尊重しない人格攻撃をしてはなりません。

「程度の問題」としては、長時間にわたったり、集団で詰問を行ったり、多回数にわたった場合、後者に該当する蓋然性が高くなります。

基本的には、昔からいわれてきたとおり「褒めるときはみんなの前で、叱るときは1対1で」ということは鉄則です。さらに、ハラスメント防止法が施行されて以降は「叱るときはおだやかに自分の失敗談を交えながら」ということを意識すれば良いと考えます。

（3）パワハラになる基準とセクハラになる基準

本章ではパワハラとセクハラの2つに分けて説明をしました。

この2つは不法行為であり、損害賠償の対象になる違法行為であるということでは共通しています。

しかし、違法になるかどうかの判断基準（メルクマール・目印・線引き）が微妙に違うのです。

ざっくりとした説明になってしまいますが、パワハラの方がより一般人基準に即し、セクハラの方はより当事者基準に即するということです。

もう少し具体的にいうと、パワハラを行った場合、「こいつは納得しているからパワハラではないのだ」「本人は了解しているからパワハラではないんだ」というような勝手な言い訳をする加害者がいますが、まったく意味がないということです。

つまり、パワハラ防止の趣旨は、「健全な職場環境を守る」というのがその背景の趣旨にあるからです。

怒鳴り声がするようなハラスメントが常態化した職場環境では、ほかの人にもストレスを与え、人権侵害になりかねないのです。従業員が気持ちよく働きにくいという点からは経営上の問題でもあります。

パワハラは「弱い人」を狙って行われる場合も多いですが、本人が怒鳴られることに慣れていても、周りの人に悪影響を及ぼすわけです。

ですから、一般人を基準として権利侵害に該当するレベルの場合には、パワハラであり違法になるというわけです。

逆にいえば、ブラック企業で行われるような、パワハラをしても反論をしてこないような弱気な人間に対する見せしめのような吊し上げは、「逆らえばこうなる」というような同調圧力を加えるという意味でも、許されない最低のパワハラというわけです。

これに対して、セクハラは本人の気持ちや感情が重視される傾向が強いです。

たとえば、好きな人に抱きしめられたら、それは喜びでしかないわけです。しかし、まったく同じ行為を嫌いな人にされた場合、明白なセクハラです。

ただし、理屈としてはそういえるのですが、職場での力関係がある場合は〝真摯な同意〟があるとは認められにくいことは当然です。この点には、十分な注意が必要なのです。

第1章コラム　アジアに広がる過労死・労災・ハラスメント

(1) 韓国の学生・労働組合・研究者との交流

筆者はこれまで韓国青年ユニオンのメンバーと相互に訪問しあって交流を重ねてきました。国内でのNPOのシンポジウムに韓国青年ユニオンのメンバーに来ていただいて講演していただいたこともあります。

また、ソウル大学（国立大学。日本の東大にあたるらしい）の学生と一緒に活動したり、ソウル中央大学（私立大学。日本の中央大学の協定校）の研究者と共同で発表を行ったりしてきました。

交流を深めるなかで、考えさせられた言葉について紹介をさせていただきます。

★「韓国では徴兵制があるので、そこで〝いじめ〟を経験する」（韓国の大学生）
★「韓国で様々な運動が盛んなのは、共産党が存在しないので、運動が分裂しなくて済むからだ」（韓国の労災活動家）

（２）労働法の国際会議で考えたこと

筆者は労働法の「国際会議」にも出席させていただき、パネリストを務めさせていただいたこともあります。

国際会議ではホテルで一緒に食事をしました。参加者の交流会ですから、日本ではこのような場合、みんなが同じ食事を出されるのが通常ですが、国際会議で驚いたのは食事が３つに分かれていたことです。

「ベジタリアン」（＝菜食主義者）と「ムスリム」（＝豚肉などを食べないイスラム教徒）と「それ以外」にディッシュが分かれていたのです。

さて、国際会議では、筆者も講演をして、新聞記者からの取材も受けました。世界的に見ても異常な労働環境がはびこるなか、“Karoushi”は日本発の国際語となりました。ところが、過労死が日本だけでなく韓国や中国にも広がりを見せているとのことでした。だからこそ、過労死防止法やハラスメント防止法を制定させた日本の労働法制に関心が高いということでした。なぜ、アジアで……と考えました。

気づいたのですが、この日韓中の３か国は、儒教文化の影響を受けているという共通点があります。

明らかに個人主義が根付いた欧米とは異なる文化があるように思われるのです。

韓流ドラマは日本でも人気です。たとえば、年長者や家族や集落を大切にする伝統的な韓国文化は、日本人の琴線にも響くのではないでしょうか。

他方で、このような美しき儒教文化は、「滅私奉公」のような個人を犠牲にして全体に尽くすことを美化するような考え方にもつながりかねません。

日本では戦前は軍国主義でした。韓国では朴正煕・全斗煥両政権の26年間の軍事独裁を経験しています（民主化弾圧の光州事件は1980年でした）。中国では今も困難な状況にあるらしく、中国からの参加者だけは匿名で話をしていたことが印象的でした。

いうならば、儒教の影響が強い国において、個人をないがしろにする組織、ブラック企業、全体主義国家の形成につながってしまう危険性について、異国の地で考えさせられました。

（3）ブラック企業という言葉について

本書では、ブラック企業という言葉を用いることがありますが、これはイリーガル企業、個人をないがしろにする組織、を意味する言葉として用いております。人間（人種を含めて）への差別的意図は間違ってもありませんので、念のため、補足させてください。

【引用・参照文献】
森岡孝二・北出茂ほか『過労死のない社会を』（岩波ブックレット）
森岡孝二『雇用身分社会』（岩波新書）
森岡孝二『過労死は何を告発しているか――現代日本の企業と労働』（岩波現代文庫）
西谷敏『労働法』（日本評論社）
竹信三恵子『家事労働ハラスメント――生きづらさの根にあるもの』（岩波新書）
北出茂「ともに挑む、ユニオン」『POSSE vol.26』（堀之内出版）
北出茂「ともに挑む、ユニオン」『POSSE vol.27』（堀之内出版）
森岡孝二「人気取り、打撃招く残業解消こそ活躍戦略」（共同通信配信記事　2014年10月20日）
北出茂「青年労働者はムチ打たれるだけの存在なのか～分析の客体としてではなく変革の主体として～」（労働と健康・大阪労災職業病対策連絡会　2013年7月）
北出茂「働き方の明日はどっちだ⁉　～労働相談の現場から～【第5回】「マタニティーハラスメント」（『季刊誌・ASU－NET』第5号）
『労働経済白書　2025年版』
『男女共同参画白書　2025年版』

第2章　働く者のルールとブラック企業の見分け方

1　ブラック企業の見分け方

(1)「ブラック企業」の相談事例

「過労死防止法」の制定が、「働き方改革関連法」（長時間労働の防止）と「ハラスメント防止法」の制定につながったお話をさせていただきました。

この章では、まずは、ブラック企業の見分け方についてお話しさせていただきたいと思います。その後、何が合法で何が違法なのかを判断できるように簡単に役立つ労働法の規定を解説し、「対処」法についてお話させていただきます。

そして最後に、さまざまな組織における労働問題～その背景にあるもの～について迫りたいと思います。

働く者の観点からは就職や転職の際にも役立ちますし、人事担当者・管理監督者の観点からは健全な職場環境をつくっていくために注意すべき事柄などについてのヒントになると思います。

では、始めていきましょう。

まず、私はこれまで様々な労務相談・労働相談を受けてきました。多いときには年間２００件以上にのぼります。

相談者には、長時間労働やパワハラなどのためにストレス性の心身の疾患を抱える人が３割以上おられました。

過去には、相談者が貯金なしの経済状況で、雇用保険も受給できない状況で、病気を抱えて不当に放出された例も見られました。

（２）就職活動時・転職活動時における「ブラック企業」の見分け方

一番大切なのは、精神的な余裕を持つことです。煽られないことです。

「就職した会社で自分の夢を実現する」「転職でステップアップする」など目標を持つのは良いのですが、内面化するとしんどくなります。

冷静さを失わないようにして〝やりがい搾取〟にあわないように気をつけてください。

また、就活・転職情報サイトは「ビジネス」ですから、その情報をそのまま信用してはいけません。冷静に求人票を見極めてください（見極めるために必要な法律の知識を習得しておいてください）。

労働条件を確認することはもちろんですが、離職率にも注意してください。長く働こうと思えばそれが可能であるような会社かどうか、ということです。

(3) 入社後に「ブラック企業」だと見抜く方法

そうはいっても、入社前に見抜くことは困難です。そこで、入社後に「ブラック企業」だと見抜くことが大切になってきます。キーワードは「研修に注意」「『つらい』に敏感に」です。

第1に、研修に注意してください。

「ブラック企業」では、ブラックな研修が行われていることが多いのです。

「社会は理不尽だ」と研修で叩き込まれるわけです。

特に、新卒入社の場合には社会人経験がないという点や自信の無さにつけこまれます。

他方で、転職者であっても「心機一転これからがんばろう」という熱意や、自信のなさにつけこまれる場合もあります。

入社後、試用期間に変なハードルを課せられたり、本採用になってからも、使い捨て、使いつぶされている感じがしたら怪しいです。

自分がしんどくなったときに休めない会社は、基本的に信用してはいけません。

第2に、「つらい」と思ったら「おかしい」サインだと思ってください。「つらい」と感じる自分のサインに敏感になってください。

「あと3年続けられない」と思ったら黄信号です。

「あと1年続けられない」と思ったら赤信号です。壊れるまでがんばって、本当に壊れてしまうということは割けてください。

心と体に不良を感じたら、早期にお医者さんにかかることをおすすめします。

また、「もしかしてうちの会社法律的におかしいんじゃないか」と思ったらまず違法ですので、専門家に相談をしてください。

ここで大切なのは「ブラック企業にしか入れなかった自分が悪い」などと自責の念にかられないことです。後で少し述べますが、世の中には様々な構造的矛盾があります。

もっといえば、本人が自分で「おかしい」と気づくことは、実は難しいのです。

多くの場合、そのようなことを考えている余裕がありません。そんなことを考えていたら心が折れる状況に置かれてしまっているのです。

だからこそ、周りの人間が「相談してみたら」と声をかけることが大事だということを補足しておきます。

2　労働基準法～働き方の内容に関するルール～

それでは、ブラック企業の見分け方についての理論編として、何が合法で何が違法なのかを判断できるように、「労働基準法」と「働き方改革関連法」（関連通達・関連指針）の規定を解説させていただければと思います。

求職者にとっては冷静に求人票を見極めることができるように、人事労務担当者にとっては違法行為をしてしまわないためにも必要な知識になります。

違法行為をする側にもされる側にもならないように、特に大切な事項について、お話をさせていただきます。

重要ポイントには太文字や下線を施しておきますので、意識しながら読み進めるようにしてください。

(1)「労働条件通知書」と「就業規則」

労働条件通知書とは

会社に入ったら、まず、「労働条件通知書」を確認しましょう。

労働基準法第15条には、「使用者は必ず労働条件通知書を労働者に交付することが義務になっている」と規定されています。

就業規則とは

会社に入ったら、次に、「就業規則」を確認しましょう。

就業規則とは、使用者が、事業経営上と労働者保護上の必要から、労働者が就業にあたって守るべき服務規律や労働条件について規定したものです。

労働基準法第89条には、「常時10人以上の労働者を使用する事業場は、就業規則を作成し、行政

表1　就業規則のポイント

① 意見聴取 使用者は、就業規則の**作成・変更**について、事業場に労働者の過半数で組織する労働組合がある場合は**労働組合**、労働者の過半数で組織する労働組合がない場合は労働者の**過半数を代表する者の意見を聴かなければなりません。**
② 就業規則記載事項 就業規則には、必ず記載しなければならない**絶対的必要記載事項**と、事業場で定めをする場合に記載しなければならない**相対的必要記載事項**があります。
③ 制裁を科す場合の制限 就業規則で労働者に減給の制裁を定める場合には、1回の減給額が**平均賃金の1日分の半額を超え**、総額が一賃金支払期（月給制の場合は1か月、週給制の場合は1週間）における賃金の**総額の10分の1を超えてはなりません。**
④ 労働者への周知義務 就業規則は、①常時各作業場の見やすい場所に**掲示**または**備え付ける**、②**書面**で労働者に**交付**する、③磁気テープや磁気ディスクなどに記録し、就業規則の内容を労働者が常時確認できる**機器**を各作業場に**設置**する、のいずれかによって、労働者に周知しなければなりません。

官庁（所轄の労働基準監督署長）に届け出なければならない」と規定されています。

つまり、使用者は、就業規則を作成するだけでなく労働基準監督署長に届け出ることが義務となります。届出の際には、労働者の過半数で組織する労働組合、または労働者の過半数を代表する者の意見書を添付する必要があります。

上記の表1の就業規則のポイントと次ページ表2の就業規則の記載事項をご参照ください。

就業規則を労働基準監督署に届け出ていない場合や、（届出だけしていても）就業規則を公布するなど周知していない場合は、労働基準法違反となります。

法令や労働協約との効力関係

就業規則は、法令又は**労働協約**（労働組合と使用者が行った取り決め）に反してはなりません。

法令または労働協約に抵触する就業規則について

表2　就業規則の記載事項

絶対的必要記載事項＝いかなる場合でも必ず記載しなければならない事項
①**始業・終業**の時刻、**休憩**時間、**休日**、**休暇**、交替制の場合には就業時転換に関する事項 ②**賃金**（臨時の賃金等を除く）の**決定**、**計算・支払**の方法、賃金の締切り、**支払の時期**、**昇給**に関する事項 ③**退職**に関する事項（**解雇の事由を含む**）

相対的必要記載事項＝制度として行う場合には記載しなければならない事項
①**退職手当**に関する事項 ②臨時の賃金等（**退職手当を除く**）、**最低賃金額**に関する事項 ③食費、作業用品など労働者の負担に関する事項 ④安全衛生に関する事項 ⑤職業訓練に関する事項 ⑥災害補償、業務外の傷病扶助に関する事項 ⑦表彰、制裁に関する事項 ⑧その他、**全労働者に適用される事項**

は、行政官庁（**所轄労働基準監督署長**）は**変更を命じることができます**。

労働契約と就業規則との関係については、労働契約法12条で、終業規則で定める基準に達しない労働条件を定める労働契約はその部分については**無効**とすること、**無効となった部分は就業規則で定める基準**によることと定められています。

(2) 解雇規制

解雇権濫用法理（労働契約法16条）

解雇とは、使用者が労働者との間で結んだ労働契約を一方的に解除することをいいます。

解雇は解雇権濫用法理（一方的な解雇を制限するためのルール）の制限に服します。

法は「客観的に合理的な理由を欠き、社会通念上相当と認められない解雇は、その権利を濫用したものとして無効とする」（労働契約法16条）と規定しています。

解雇予告（労基法20条）

労働者が解雇すべき事由に該当したとしても（実体的に有効な解雇であっても）、突然の解雇は労働者の生活に支障をきたします。解雇予告の規定は、そのような状況にある労働者を保護するために設けられています。

具体的には、使用者は少なくとも解雇の**30日前**に、労働者に解雇予告をしなくてはなりません（即日解雇の場合は、平均賃金30日分を支払う必要があります）。

（3）「法定労働時間」と「時間外労働」

法定労働時間（労基法32条）

使用者は、労働者に、休憩時間を除き**1週間**について**40時間**を超えて労働させてはなりません。また、1週間の各日について、休憩時間を除いて**1日8時間**を超えて労働させてはなりません。

労働時間は、事業場を異にする場合（会社で働いている人が夜コンビニでアルバイトするなど）においても、労働時間に関する規定の適用については**通算**します。

労働基準法では、1日8時間、週40時間以上の労働は原則として認められていないことを覚えておいてください。

所定労働時間

所定労働時間とは、就業規則に記載される始業時から終業時までの時間から所定の休憩時間を差し引いた時間をいい、それぞれの事業場において定められます。

時間外労働（労基法36条など）

法定労働時間を超える労働を時間外労働といいます。

労働者が法定労働時間や法定休日を超えて労働した場合は、労基法上の時間外労働または休日労働となります。

所定労働時間や所定休日（就業規則等に定める労働時間や休日）を超えて労働したとしても、法定労働時間または法定休日を超えていなければ、割増賃金は発生しません。

ただし、以下の場合などには時間外労働が許容されています。

時間外労働・休日労働

時間外労働の労使協定（**36協定**）を締結した場合

労使協定とは、使用者と、事業場に労働者の過半数で組織する労働組合がある場合はその**労働組合**、そうした労働組合がない場合は労働者の**過半数を代表する者**との**書面**による協定をいいます。

労基法では、労働時間および休日について、法定労働時間と週休制の原則を定め、原則として1

表3　時間外労働の限度時間

区分	内容	時間外労働に休日労働を
原則	1ヵ月45時間、1年360時間	含まない
特別条項を定めた場合※1	1ヵ月100時間未満※2（1ヵ月45時間を超えることができる月数は年6回まで）	休日労働を含む
	2ヵ月ないし6ヵ月の各期間における1ヵ月当たりの平均が80時間以内※2	休日労働を含む
	1年720時間	含まない

（※1）臨時的に限度時間を超えて労働させる必要がある場合のみ認められる

（※2）100時間未満および80時間以内の規定は原則の場合も適用される

週**40時間**、1日**8時間**を超える労働および休日の労働を禁止しています。しかし、業務の都合によっては、この原則に従うことが困難な事態が発生することも否定できません。

そこで、このような必要に対応するため、**労使協定**を締結し、労働基準監督署長に届け出た場合には、**割増賃金**を支払うことを条件として、法定労働時間を超えて労働をさせたり、休日労働をさせたりしても事業者は処罰されない（犯罪とされない）としています［＝免罰的効果］。

この労使協定は、一般に36（サブロク）協定と呼ばれています。

36（サブロク）協定を締結していない場合には、残業させること自体がそもそも違法であり、犯罪行為となります。

(4) 時間外労働の限度時間

年・月の限度時間（働き方改革関連法）

36協定を締結した場合でも、使用者は無制限に労働者を労働させることができるものではなく、労使当事者は、36協定を締結するにあたって限度時間を守らなければなりません（表3）。

このように、仮に、36協定を結んでいたとしても、「残業時間は月に45時間、年に360時間以内。特別条項を申請しても、月45時間を越えることができるのは年6回まで、かつ月に100時間未満、かつ2～6ヶ月すべての平均が80時間以内」という上限規制があり、これを超過すると、労働基準法違反になります。

みなし労働時間制

みなし労働時間制とは、事業場外で働く場合に、**労働時間を算定し難い**ときは、原則として所定労働時間労働したものとみなす制度です。みなし労働時間制は、原則として**所定労働時間労働したものとみなす制度**です。

みなし労働時間制は、使用者の具体的な指揮監督が及ばず、労働時間の算定が困難な場合に限り、適用することができます［現在、事業場外のみなし労働時間制が適用される業種は、ほぼ、ありません］。

事業場外労働に係るみなし労働時間制に関する規定が適用される場合でも、休憩、休日、深夜業に関する規定は適用されます。

（5）割増賃金～長時間労働の歯止め～

割増賃金（労基法37条）

時間外労働に対する割増賃金の支払は、通常の勤務時間とは異なる特別の労働に対する労働者への補償を行うとともに、使用者に対して経済的負担を与える（義務を課す）ことで時間外労働をさ

表4　賃金の割増率

割増賃金の支払いが必要となるとき	割増率
時間外労働	2割5分以上
休日労働（法定休日労働）	3割5分以上
深夜（午後10時〜午前5時）労働	2割5分以上
時間外労働＋深夜労働	5割以上
休日労働（法定休日労働）＋深夜労働	6割以上

せにくする（抑制する＝歯止めにする）ことを目的としています。

割増賃金は、次の計算式によって求められます。

割増賃金　＝　通常の労働時間または労働日の賃金　×　割増率

なお、出来高払制や歩合制による賃金でも、割増賃金の支払は必要です。

また、休日労働が1日8時間を超えても、深夜に及ばない場合は、休日労働に対する割増賃金のみを支払えばかまいません。

延長された労働時間が**1ヶ月60時間**を超えた場合は、その超えた労働時間については、通常の賃金の計算額の**5割以上**の率で計算した割増賃金を支払います（表4）。

（6）休憩・休日・年次有給休暇

休憩（労基法34条）

使用者は、労働時間が**6時間を超える場合**に少なくとも**45分**、**8時間を超える場合**には少なくとも**1時間**の休憩時間を**労働時間の途中**に与えなければなりません（表5）。

表5　休憩時間

1日の労働時間	付与すべき休憩時間
6時間以下	**不要**
6時間を超える場合	少なくとも**45分**
8時間を超える場合	少なくとも**1時間**

表5　休憩の3原則

①途中付与の原則 休憩時間は、**労働時間の途中**に与えます。すなわち、休憩時間を勤務時間の初めや終わりに与える事はできません。
②一斉付与の原則 一定の業種を除き、休憩時間は事業場の労働者に**一斉**に与えます。ただし、**労使協定**がある場合には一斉休憩を与えなくてもかまいません。その場合は、一斉に与えない労働者の範囲と休憩の与え方について、協定を結ぶ必要があります。
③自由利用の原則 休憩時間は一定の業種を除き、労働者に**自由**に利用させなければなりません。

休憩の3原則

使用者が労働者に休憩を与える際は、「途中付与」「一斉付与」「自由利用」の3つの原則を守らなくてはなりません（表5）。

休日

使用者は、労働者に**毎週**少なくとも1回の休日を与えなければなりません［＝法定休日］。ただし、この規定は、**4週間**を通じ**4日以上**の休日を与える方法（**変形休日制**）を採用する場合は適用されません。

年次有給休暇（労基法39条）

入社日から起算して6ヶ月間継続勤務し、出勤率が**全労働日の8割以上**であるときは、**10日**の年次有給休暇を取得する権利（年休権）が発生します。

その後は、勤続年数1年毎の出勤率が全労働日の8割以上であれば、勤続年数に応じた日数が10日に加算されて与えられます。

比例付与日数

アルバイトやパートタイマーでも、1週間あたりの所定労働日数に**比例**した日数の年次有給休暇が付与されます。

①対象となる労働者
・1週間の所定労働時間が**30時間未満**、かつ1週間の所定労働日数が**4日以下**の者
・1週間の所定労働時間が30時間未満、かつ1年間の所定労働日数が216日以下の者

②比例付与日数の計算方法

通常の労働者の有給休暇日数　×　（比例付与対象者の週所定労働日数　÷　5.2）

※端数は切り捨て

時季指定権・時季変更権

年次有給休暇は、原則として労働者の**請求**する時期に与えなければなりません。
ただし、請求された時期に有給休暇を与えることが**事業の正常な運営を妨げる**場合は、使用者は**時季を変更**することができます。

計画的付与（計画年休）

年次有給休暇は、労働者が指定した日に付与することが原則ですが、労使協定によって5日を超える部分については、会社が時季を定めて計画的に与えることができます。

また、年10日以上の年次有給休暇が付与される労働者（管理監督者を含む）に対して、年次有給休暇のうち年5日については、使用者が時季を指定して取得させることが義務づけられています。

ただし、労働者が自らの申請により5日以上の年次有給休暇を取得した場合、計画的付与により5日以上の年次有給休暇を取得した場合には、使用者は時季指定をする必要はありません。

3　危機に遭遇したときの選択

(1) いくつかの選択肢

人間は危機に遭遇すると選択を迫られます。

あと1年この働き方を続けられない、と思ったら、あなたの手にはどんなカード（選択肢）があるでしょうか。

まず、「我慢」というカードは根本的な解決にならないばかりか、問題を悪化させる恐れすらあります。とはいえ、伝統的な終身雇用制や年功序列型賃金体系を維持している会社では、我慢すれば報われることもあるかもしれません。しかし、それ以外の会社では、昔と違って、我慢が有効な場合は少ないように思います。

「我慢」が無理なら、「辞める」か「交渉する」かしかありません。

「辞める」・「交渉する」ときにも、いくつかの選択肢があります。

解決手続としては、あっせん、交渉、労働審判、裁判などの方法があるのですが、素人の方が単独で使いこなすのは困難です。

ですから、適切な相談機関を活用することが大切です。

専門家や支援団体とつながることで、知識やノウハウを手に入れることができ、視野も広がり、実際の選択肢の幅も広がります。

（２）さまざまな解決機関のメリット・デメリット

【労働基準監督署】

労働問題の警察署です。労働基準監督官は特別司法警察職員とされており、（警察官と同様に）捜査権、調査権、逮捕権などの権限が与えられています。

ただし、本来的には、会社を取り締まる機関です。個人救済を直接の目的とした機関ではありません（個人救済はあくまで間接的な効果です）。

行政ですから管轄外の事項があることも知っておいてください。

無料で申告ができて、「匿名」で会社を改善できる可能性がある点はメリットです。

【労働局】

①労働局の相談コーナー

無料で相談ができますので、おすすめです。

②労働局のあっせん

都道府県の職員が間に入って会社との交渉の場を設定してくれます。

裁判などではなく、なるべく話し合いで解決を図りたい場合にはおすすめです。

私の経験上、多くの場合、会社は交渉に応じます。

この方法は、穏便な解決が図られる可能性がある一方で、(和解案に応じないことも含めて) 拒否された場合の強制力がない点が弱点です。

あっせんに適した案件かどうかの見極めが大切になってきます。

【社労士・弁護士】

それなりに金銭的な負担がかかりますが、トータルに法律状況 (全体像) がわかるので、まずは相談してみるのが得策です。

社労士を選ぶ際には、紛争解決手続代理業務試験に合格して研修も受けている「特定社会保険労務士」に相談するのがおすすめです。

弁護士を選ぶ際には、労働事件を取り扱ってきた労働弁護士に相談するのがおすすめです。

【労働組合】

憲法28条により保障されている特別の権限を持つ団体です。

「団体交渉権」という、交渉のための最強の武器を持つ機関でもあります。

会社側は法律により交渉することを義務付けられています。

また、同じような問題に当たってしまった方と悩みや情報を共有することで、当事者同士のつながりができたり、精神的な負担が軽減される場合もあります。

第2章コラム　男女ともに働きやすい社会の実現のために

(1) 男性と女性の生きづらさ

女性の社会的な地位を低くし、活躍を阻んでいる要因は何か。

この点について、かつて、関西大学名誉教授であった森岡孝二先生（故人）は、次のように答えていました。

サービス残業を含めて男性には残業が多い。
それが、女性が男性並みに活躍できない要因になっている。
男性並みに働くと、結婚をしない、子どもを持たないなどの選択を余儀なくされるからだ。
（森岡孝二「人気取り、打撃招く残業解消こそ活躍戦略」共同通信配信記事　2014年10月20日）

現在でも依然として「男性中心主義」が企業文化に根付いており、「男性並み」を求められることがハラスメントを誘引しているように思われてなりません。

そして、いまなお、男性の長時間労働は是正されたとはいえません。〝緩すぎる〟36協定の特別条項における限度時間などがその原因の一つです。

各種の法が制定された趣旨からしても、うつ病が蔓延し、過労死の危険を感じるような働き方は直ちに是正されるべきです。

男女ともに働きやすい社会の実現のために、私たちに何ができるのでしょうか。

本書が、共に考えていく一助となれば、幸せに堪えません。

（2）本当の「対処」法

ここまで、あなた自身やあなたの大切な人が「ブラック企業」などで、理不尽なパワハラを受けたり、長時間労働で心や体を壊さないようにすることが大切だということをお話ししてきました。

生き物は危機に遭遇すると「逃げる」か「闘う」かの選択をするようにできているそうです。

にもかかわらず、逃げることも闘うこともできずに、多くの方々が傷つき命を落としていき、残された遺族が何十年にもわたり助けられなかった自分を責め続けるという光景を目の当たりにしてきました。

思い出すのは、私が「過労死防止法制定運動」の渦中で命を燃やしていたとき、世間には「そんなブラックな企業にしか入れないような人が悪い」というような風潮が強かったことです。

そのような風潮を一変させたのが電通の過労死事件（電通事件）でした。

高橋まつりさんは東京大学を卒業後、電通に入社した1年目のクリスマスに過労死で若き命を落とされました。

結局、どのような大学に出ても、どのような会社に入社しても、働き方の問題からは無関係ではいられないのです。

生き物は危機に遭遇すると「逃げる」か「闘う」かの選択をするようにできているということは、裏を返せば、「逃げ場のない状況」や「闘いかたのわからない状況」に追い込まれることは絶対に避けなければならないということでもあります。

そういう意味では、本当の「対処」法としては、そのような状況に陥ること自体を社会的になくしていくことではないかと考えます。つまり、「ブラック企業」かもしれなくても正社員として働かなければいけない状況を変えるということです。

そのためには、まず労働の分野において、ブラック企業を社会的に包囲することが必要でしょう。法規制だけでなく「どれだけ会社に尽くしたか」で互いに競わなくてもいいように社会の成熟度を高めていくことがブラック企業を社会的に包囲することにつながります。

生存権や社会保障の分野では、ブラック企業に入る競争に参加しない人も、仕事に就けたり、社会保障制度の活用により生きていける状況をつくること、が必要と考えます。

このあたりは私も専門家ですので、みなさんと一緒に「どんな提案をするか?」「どんなふうに共感を集めるか?」について考えていけたなら幸せです。

実は、私も「ブラック企業問題」に取り組むなかで、個別の企業を追及したとしても〝モグラたたき〟や〝イタチごっこ〟になってしまう構造に気づかされた一人です。壁にぶち当たったというか、限界を感じたのです。

〝モグラ〟を叩くのではなくて、〝モグラ〟が出てくるような土壌自体を改良しないと根本的な解決にはならないのではないか、
そのように考えた結果が、立法制定運動への参加だったわけです。

さらにいえば、私も、会社にお世話になってきた人間の一人です（現在も、労働相談を受け付ける一方で、普段は、会社側で仕事をしています）。

考えてみれば、健全経営を意識しなければならない一方で、個別の企業が個別に利益を追求するのは当たり前です（利益を出さないと従業員に給料も支払えません）。

でも、個別の企業が従業員への報酬をコストだと考えて賃金を安く抑えると、社会全体にお金が回らなくなり、結果として、企業自身もやがて儲からなくなります。労働者は消費者でもあるため、賃金が抑えられると、購買意欲が低下し、消費行動が抑えられ、社会にお金が回らなくなるのです。これが「失われた30年」を創り出した原因の一つです。

ですから、再びそのようなスパイラルに陥らないためにも、個別の企業のためにも、国の責任として合理的な規制を全体にしていかないといけないのです。

私は思います。社会のより良い発展のためにも、「ハラスメント」や「ブラック企業」のない社会をつくっていかねばならないのだと。

みなさんは、どのように考えられたでしょうか。

【引用・参照文献】

菅野和夫『労働法』（弘文堂）
西谷敏『労働法』（日本評論社）
水町勇一郎『詳解労働法』（東京大学出版会）
下井隆史『労働法』（有斐閣）
森岡孝二「人気取り、打撃招く残業解消こそ活躍戦略」（２０１４年10月20日・共同通信配信記事）

第3章　さまざまな組織における労働問題
〜その背景にあるもの〜

1　人権侵害・労働問題が発生する組織の闇に迫る

(1) ハラスメント団体の特徴とは

ここでは、さまざまな組織における労働問題〜その背景にあるもの〜について迫ります。

ここまで、私たちの運動が世論を動かし、「過労死防止法」の制定や、長時間労働防止のための「働き方改革関連法」や「ハラスメント防止法」の制定へとつながる流れを作り出せたことをお話しさせていただきました。若干の解説もさせていただきました。

しかし、それらの法律が制定された今日においてさえ、いまだに、ハラスメントや違法労働がなくなったとはいえません。

「ブラック企業」はその典型でしょうが、表向きは立派な企業において、陰湿なパワハラや違法行為が行われ、人権が侵害されるばかりか、人の死にもつながるような事件が頻繁に起こっています。

ワタミや電通では、かけがえのない命が、過労死により失われました。ビッグモーターのパワハラ事件・不正保険金請求事件では、ハラスメント防止法と公益通報保護法の実効性が、改めて議論の俎上に上がりました。コンプライアンス違反で企業が制裁を負うたびに、その原因と対策が議論されています。

とりわけ、世の中には、表から見ているだけではわからないように偽装されている組織があります。

内部の人権侵害や事件が表に出てこない性質の団体（閉鎖的団体）では、内部での人権侵害・労働問題が表に出てきにくいのです。

芸能界であったり、軍隊方式の組織であったり、そこで起こったことを外部に出すことがタブーとされてきたような業界がその典型です。

それらの組織では、ハラスメントは、陰湿なものとして、長期にわたり繰り返されてきました。そして、このような組織には共通点があるように思います。それが、①独特の体質や文化を持つこと、②内部で起こったことを外部に出すことがタブーだという〝掟〟をつくっていること、です。

多くの場合、そのような〝掟〟は、公序良俗に違反していたり、法律に抵触していることがほとんどです。

さらに、③時期によっては、異常な長時間労働が存在している点でも共通しています。

にもかかわらず、被害者が外部に出すことがタブーだという〝掟〟を内面化させられてきた結果、その多くが闇に葬られてきたのです。

法治国家であるにもかかわらず、法の光がさえぎられてしまう闇が存在してきたともいえます。

近年、内部告発などによって、ようやくそれらの闇にもメスが入ろうとしています。

ここからは、そのような団体内部で発生した労働問題・人権問題について光を当てていきます。

（2）「宝塚」や「芸能界」での陰湿なハラスメント

① 宝塚歌劇団事件

宝塚歌劇団では、劇団員・有愛きいさん（享年25歳）が亡くなるという痛ましい事件が2023年9月30日に発生しました。関係者からは「清く正しく美しく、なんて、夢のまた夢」だという、ここでも長時間労働と陰湿なパワハラ・いじめの存在が指摘されています。

この事件は裁判になり、有愛きいさんが同じ宙組の上級生から「集団リンチのような目にあっていた」ことが明らかになっています（劇団側はパワハラがあったとする意見書の一部を認めています）。

遺族側が主張していた15件のパワハラ行為は次のとおりです。

1　亡くなった劇団員が断ったにもかかわらず、上級生がヘアアイロンで髪を巻き、額にやけどを負わせた
2　この上級生がやけどを負わせたにもかかわらず、真摯《しんし》な謝罪をしなかった
3　上級生が髪飾りの作り直しなど、深夜に及ぶ労働を課した
4　上級生が新人公演のダメ出しで人格否定のような言葉を浴びせた
5　週刊誌の報道の後、上級生が亡くなった劇団員を呼び出して詰問し、過呼吸の状態に追い込んだ
6　劇団幹部がヘアアイロンでやけどを負ったことについて「まったくの事実無根」と発表した
7　劇団幹部が睡眠時間が1日3時間程度しかとれないような極めて過酷な長時間労働を課し、過大な要求をした
8　亡くなった劇団員が所属していた宙組の幹部が「振り写し」の復活により、一層過大な要求をした
9　宙組の幹部が「お声がけ」の復活により、一層過大な要求をした
10　演出家が怠慢や不備により、到底対応不可能な業務を課した
11　宙組の幹部が配役表の事前開示に関し、2日連続で執ような叱責を行った
12　宙組の幹部が「振り写し」に関し、大声で宙組の組員の前で叱責を行った
13　宙組の幹部が「下級生の失敗はすべてあんたのせいや」などの叱責を繰り返した

14　宙組の幹部が幹部部屋で大声で叫び、威圧的な言動を行った
15　宙組の幹部が「お声がけ」に関し、詰問や叱責を続け、罵倒した

遺族側の代理人は川人博弁護士が担当されました。前述の過労死防止法の制定運動は大阪・関西のメンバーが中心となって始められました。ただし、首都圏にも拠点をおかないと全国に広がる運動にはならないことが危惧されたこともあり、川人弁護士（現在の拠点は東京ですが大阪の三国丘高校の出身）にお願いして全国運動に発展した経緯があります。

川人弁護士らは記者会見で「遺族側が主張している15のパワハラ行為のうち、歌劇団は7つの項目についてほぼ認めていると理解している。ほかの6項目については、一部認めていない部分があり、残る2つは、否定している」とされています。

遺族側は阪急側に、謝罪と補償を求めていました。

この事件は、2024年3月15日に5回目の交渉が行われ、阪急阪神ホールディングス（HD）側が譲歩する形になり、合意方針を確認。そして、阪急側は同年3月28日、嶋田泰夫代表取締役社長、劇団の村上浩爾理事長らが大阪府内で記者会見し、遺族側と合意書を締結し謝罪したと発表しました。

合意書には「職場におけるパワーハラスメントに該当するさまざまな行為を行ったことによって、被災者に多大な心理的負荷を与えたことを認める」と記されています。

遺族側が主張したハラスメントを劇団側がほぼ認めた形です。

劇団は「長年にわたり劇団員にさまざまな負担を強いるような運営を続けてきたことがかかる事態を引き起こした」とし「すべての責任が劇団にある」と認めています。

②「ジャニーズ事務所」事件～「夢を追う若者が搾取され、虐待される」という構造的な問題～

関西では「宝塚」でのハラスメントが大きな注目を集めましたが、関東における「ジャニーズ事務所」も社会から姿を消しました。

芸能大手の「ジャニーズ事務所」（現・SMILE-UP）では、ジャニー喜多川氏による年少者に対する性加害が長年にわたって行われ続けてきた事実が２０２３年にようやく社会問題化されました。ある年齢層の方にとって青春時代がともにあったであろう同事務所に所属する男性タレント。彼らは、抗拒不能な状況を利用されて長期的かつ常習的に性被害にあっていたわけです。これは年少者に対するハラスメントであり、性犯罪です。同じく「夢を追う若者が搾取され、虐待される」という構造的な問題があると考えます。

③「中居正広さん」・「フジテレビ関係者」事件

タレントの中居正広さんが２０２５年1月23日、芸能活動を引退すると発表しました。フジテレビ関係者と被害女性と中居さんとの会合で、被害女性と中居さんが密室で二人きりになり、被害女性が性加害を受けたと主張。

中居さん側も女性とのトラブルを「事実」と認めており、９０００万円を支払って和解が成立しているといいます。しかし、「事件を起こしたこと」自体が問題なのです。

かつて「国民的アイドル」といわれたSMAPのリーダーで、日本のテレビ業界を代表するMCとしては、何とも虚しい結末となりました。

この事件には、フジテレビ関係者がかかわっており、週刊誌では、

「A氏に多目的トイレに連れ込まれ、キスされた社員も」

フジテレビ元女性社員が告発　「中居さんのマネージャーが近づいてきたことも」


というタイトルで、20年近くフジに正社員として勤めた女性がセクハラ・パワハラが横行する、異様な企業体質が告発されています（「週刊新潮」2025年1月30日号）。

(3)「自衛隊」での陰湿なハラスメント

自衛隊でのいじめ問題・パワハラ問題も、繰り返し、顕在化されています。

懸念事項としては、自衛隊の任務が特殊だということが挙げられます。

自衛隊員の自殺は毎年60~100人で推移しており、民間企業や他の公務員と比較してメンタルヘルスの罹患率も高いです。以下に事案を紹介させていただきます。

①陸上自衛隊 教育訓練研究本部の事例

2023年11月、陸上自衛隊教育訓練研究本部の1等陸佐（54歳、男性）が、部下に対し威圧的な指導を行い、職場環境を悪化させたとして停職12ヶ月の処分を受けています。

２０２３年10月、海上自衛隊第４整備補給隊の３等海曹（30代、男性）が、後輩隊員を指導する際に暴行を加え、全治２週間の傷害を負わせたとして停職３月の処分を受けています。

②航空自衛隊 那覇救難隊の事例

２０２３年11月、航空自衛隊那覇救難隊の佐官（40代、男性）が、部下隊員に対し無視や威圧的な言動を繰り返し、精神的苦痛を与えたとして停職５日の処分を受けています。

③航空自衛隊の高官によるパワハラ事例

２０２４年３月、50代の男性空将が、部下に対し約３時間にわたる説諭や20回以上の報告やり直しを要求するなど、過剰な指導を行い、停職４日の懲戒処分を受けています。

④海上自衛隊員の自殺に関する裁判事例

２００８年、21歳の海上自衛隊員が上官からの継続的な誹謗中傷によりうつ病を発症し、自殺した事案で、福岡高等裁判所は上官の行為を違法と判断し、国に対して慰謝料の支払いを命じています。

これらの事例は、自衛隊内でのパワハラ問題の深刻さを示しています。また、女性自衛官へのセクハラもたびたびニュースになっています。防衛省・自衛隊は、ハラスメント防止に向けた取り組みを強化していますが、引き続き組織全体での意識改革と具体的な対策が求められています。自殺・労災案件の多発する職務環境については、国会でもたびたび取り上げられており、防衛省自身が課題点・問題点としています。

自衛隊問題については、『絶望の自衛隊：人間破壊の現場から』（三宅勝久著、花伝社）で、異常な出来事がありふれた日常と化し、麻痺し、ふつうの人が残酷な行為を平気でやるようになる風景を描いています。少なくとも自衛隊という小社会のなかで、「残酷」はありふれた日常にすぎない、と。

また、保守系の著者としては『こんなにひどい自衛隊生活』（小笠原理恵・飛鳥新社）が挙げられます。

（4）「共産党」での陰湿なハラスメント

政党である共産党でも、勤務員や地方議員に対するいじめ・パワハラ問題、不当解雇問題など、人権問題・労働問題が多発しています。

共産党は田村委員長のデビューとなった「党大会でパワハラ根絶に取り組む」とした後、大会の総まとめとなる結語でとんでもないパワハラを行っています。表向きは暴力反対を掲げながら、裏では執拗に人を殴ったり集団暴力を加えている者をみたときのような違和感を覚えます。

さらには、言論弾圧、不当解雇、組織からの不当な排除、などです。

これらの違法行為を告発したのが、本書執筆の協力者でもある油島さんです。

油鳥さんの告発により、様々な共産党の労働犯罪行為が明らかになりました。外に向かっては「労働者の権利を守る」「ブラック企業を許さない」と叫びながら、内に対しては、自分たちの専従職員には残業代も支払わない。適切な労務管理もしていない。有休日数は法令基準未満、就業規則も提出していない。完全なる労働犯罪（労基法&安衛法違反）団体であることが明らかになったのです。

これらは近年発生したというよりも、ようやく顕在化したというべきであり、まだまだ社会問題として周知されていないものです。

そして、そうであるからこそ、現在も人権侵害が続けられています。

にもかかわらず、「芸能界」や「自衛隊」のようには、取り上げられてこなかったように思われます。とりわけ、労働法の専門家の立場から、「共産党の労働問題」を書き下ろした本はほとんど見当たらないのが現状でした。

2　ハラスメントが発生してしまう組織の〈10の特徴〉

(1) 人権侵害を隠蔽する「組織風土」があること

一般の民間企業では、社員全員にハラスメント教育を実施して、「ハラスメントをしない」「ハラスメントをさせない」という意志と理性を養成し、個人に対して啓発するだけでなく組織的にも体制を整備してハラスメント根絶に取り組んでいます。

しかし、なかには、人権侵害を隠蔽する「組織風土」が残されている場合もあります。前述したように、「宝塚」では110年の歴史を持つ劇団の伝統が、独自の「組織風土」を生み、パワハラ体質を醸成してきたといえます。嶋田社長自身が「組織風土を時代に合わせて変えてこなかったのは怠慢だった」と引責の思いを口にしています。「女の軍隊」と呼ばれた劇団の規律は、時代に取り残された面はあったわけです。

宝塚歌劇団が繰り返した「悪意はなくともハラスメント」だというのは、現代では当然の認識です。それにもかかわらず、ハラスメント体質を改められなかったのは、「伝統を守る意識」が強く残っており、それが人権感覚の欠如につながったように思わずにはいられません。

このことは、「自衛隊」や「共産党」であっても同様です。軍隊的な規律や、鉄の掟などといわれる民主集中制が、人権侵害を隠蔽する方向に作用している面は否めません。

とりわけ、伝統的で閉鎖的な組織では、時間が止まったままというか、現代の人権感覚に追いついていない部分が見受けられるのです。人権侵害は命にかかわる問題であり、個人の尊厳が脅かされている問題です。

組織における風土や実情にあわない不合理な慣習などがハラスメントの温床になることを踏まえて、諸問題の解決を目指していくことが求められています。

(2)行き過ぎの「指導」が行われていること

ハラスメントは、組織のなかで権力勾配の上位に立ち、相手に対する「指導」が行き過ぎてしまったようなときにも起こります。

さて、私もハラスメント対応をしてきていますが「指導（叱責）とパワハラの境界をどこに求めるのか」は難しい問題です。

「宝塚」では「女の軍隊」といわれるほどの厳しい規律のなか、上級生から下級生への「指導」が行われてきました。

「自衛隊」も、軍隊的な組織であることは否めません。

「共産党」も、上位下従の組織体系の下、まさに「指導」であふれかえっている組織です（共産党の現行規約には39か所で「指導」という言葉が登場します）。

そして、従来は、厳しさが美徳とされていた時代もあったかもしれない。しかし、それを隠れ蓑にして、人権を侵害するようなハラスメントが許されるわけではないのです。

（3）「心理的安全性」が確保されていないこと

心理的安全性が確保されていない組織ではハラスメントが発生しやすいことをお話ししてきました。

「芸能界」・「自衛隊」・「共産党」あるいは「ブラック企業」では、組織が定めた共通の目標が掲げられる一方で、自由にモノがいえるような雰囲気がない（心理的安全性が確保されていない）といえます。

組織のなかで「優越的な関係」が存在することはもちろん。組織の性格上何が「適正な範囲」かわからないまま〝指導〟が入るようになり、何回指導しても思い通りにならない人に対しては暴言が吐かれたり「苦痛」が与えられることにつながりやすいのです。

(4)「ホンネ」と「タテマエ」(表と裏)とを使い分ける傾向があること

民間企業では、ハラスメントの根絶のために周知・啓発・教育がなされています(ハラスメント防止法)。

ハラスメントが発生すれば、法的責任だけでも、不法行為として行為者個人の責任が問われる(民法709条)ことはもちろん、組織も使用者責任を問われます(民法715条)。ましてや、社会的責任が追及されます。

だからこそ、大手の民間企業では、構成員は「ハラスメント教育」を受けていますし、役職者や窓口担当者は「ハラスメント対応の訓練」を受けています。

このように、どのような団体でも、表向きはハラスメントの根絶を掲げているわけです。

しかし、ハラスメントが発生する組織では、〝組織の特殊性〟(法律上は何の正当理由にもならないのですが)を根拠に、「ホンネ」と「タテマエ」(表と裏)とを使い分けて、横暴な振る舞いがなされてきたケースが多く見受けられます。

(5)「外部漏れ」を利敵行為とみなしてハラスメントを隠蔽してしまうこと

「外部漏れ」を「利敵行為」とみなすような組織はハラスメントを内包した団体であるといえま

す。

一般の民間企業であっても「ライバル企業に負けないために」などという言葉を使って隠蔽を図る傾向がある場合には危険信号です。

とりわけ、構成員全員に対するハラスメント調査をしなかったり、ハラスメント対応の常識である「第三者委員会」を設けないような組織は最悪です。何かあれば内部で解決するということでしょうが、内部の力関係がそのまま反映されてしまうわけですから何の解決にもつながらず、ハラスメント防止法の趣旨にも反し、ハラスメントの温床になりかねません。

宝塚歌劇団では、パワハラ認定されるような行為がまかり通っていたにもかかわらず、外に通報することは「外部漏らし」という禁止行為であるかのように伝えられてきたことが、悲劇につながりました。

共産党には「党の内部問題は、党内で解決する」という規約（第5条8項）があるようですが、「外部漏らし」を禁止行為であるかのように扱って、組織の権力勾配の高いものを保護するやり方では、逆にハラスメントを放置することになりかねません。

人権保護に資するからこそ、公益通報保護制度などで、法はいわば「外部漏らし」をしやすいような環境作りに尽力しています。

「外部漏れ」は、組織にとって都合が悪いのかもしれませんが、それは人権侵害を隠蔽することにつながりかねないのです。

（6）「内部で解決する」ことを掲げてセカンドハラスメントをしてしまうこと

「外部漏れ」を「利敵行為」とみなすまではいかなくても、ひとまずは「内部で解決する」ことを掲げている組織は多いのではないかと思います。

この点、内部特有の事情は、内部の人間の方がわかりやすい部分はあります。

しかし、「内部で解決する」ことにこだわると、内部での力関係がそのまま反映してしまう結果、かえってハラスメントの解決を遠ざけてしまうことにもなりかねません。

宝塚歌劇団でのいじめ・自死事件からわかることは、力関係が存在する組織のなかでは、内部での解決にこだわることは、かえって悲惨な結果を招来しかねないということです。

共産党においても、パワハラが起きた際にすら「党の内部問題は、党内で解決する」という方法にこだわるのであれば、完全にハラスメント防止法の趣旨に反します。悲惨な結果を招来しかねず、それすら「外部漏れ」として抑圧するというのであれば、ハラスメントは永久に根絶できないということになります。

現在の労働界における常識では、パワハラは内部では解決できないのです。大企業なども含めて第三者機関（第三者委員会）に解決を委ねることになっているのはそのためです。その種の機関をつくらないのはハラスメント解決を遠ざける最悪の選択肢です。

外部に出さないと、内部での力関係が反映されてしまうので、逆にセカンドハラスメントが起きてしまったり、ハラスメントの防止や解決にほど遠い結果になってしまいかねないのです。

（7）組織の代表者によるパワハラが行われてしまうこと

組織自体がパワハラ体質である場合、その世界や組織の「ドン」や代表者自身によるパワハラが行われることがあります。

たとえば、軍隊的な体質を持つブラック企業においては、組織のトップが公然とパワハラをしていたりするわけです。

さらには、長い伝統を持つ組織のなかには、人権に対する意識までもが旧態依然としているように感じられることも多いです。今や、厚生労働省の指針などでは、ハラスメントを命に関わる問題だと明言しているにもかかわらず、です。

「旧き良きこと」も沢山あるとは思うのですが、人権感覚が古い場合、ハラスメントや人権侵害を引き起こしかねません。

このような組織においては、代表者がハラスメントを率先して行うようなブラックな組織となりがちです。

（8）「特権意識」により人権感覚が欠如していること

官庁もしくは県庁や市役所の内部でハラスメントが発生したりもしています。

その原因としては「特権意識」により人権感覚が欠如してしまう構造が考えられます。

要するに、自分たちがエリートである（特別な存在である）という意識があったりすると、相手の側から考えてみる視点が欠けてしまう結果、ハラスメントが引き起こされてしまうのです。

官僚的組織のなかで生きてきたり、パワハラも官僚制の上に立つ手段として用いて自らを保身するような組織においては、特にそのような傾向が見受けられます。

あまり市井と交わりを持たない職業生活を続けてしまうと、社会常識に欠けてしまったり、他人の言葉に耳を傾ける力が育たなかったり、人や社会が自分をどう思うかなどについて極めて鈍感になってしまったりします。

また、芸能界のようにスポットライトを浴びる業界も、特別扱いされてきて市井と交わりを持たなかったり、おべっかやゴマをする人たちばかりに囲まれてきて、感覚が麻痺してしまっているようなケースが散見されます。

さらに、正義のための活動を掲げるような団体でも、自分たちが正しいという意識が強すぎたり、自分たちが特別なことをしているという意識が強いため、独りよがりになりがちです。そのため、相手側から考えてみる視点が欠けてしまい、ハラスメントが頻発したりしています。

「特権意識」が人権感覚の欠如につながると、加害者になりやすい状況が生まれるのです。

(9)〝やりがい搾取〟が行われてしまうこと

将来の夢や希望を持つこと、社会正義の実現を夢みること、それらは素晴らしいことです。

でも、それに絡め取られてしまうと〝やりがい搾取〟が行われてしまうことがあります。

この業界で「立派」になろうと思って組織に入って、先輩や上司の指導を受けながら成長していきます。しかし、〝やりがい〟を実現するために外部から切り離された環境で努力することは〝独善的で閉鎖的な組織〟に身を委ねる危険性があるということなのです。そうすると、人権に対する感覚が鈍くなってしまいます。

メタ認知能力という言葉が流行ったことがありますが、ハラスメントの加害者にも被害者にもならないために、自己を客観視する能力が求められます。

ハラスメントのない組織をつくるためには、構成員が人権意識を持っていなければなりません。〝やりがい搾取〟が人権感覚の欠如につながると、被害者にも加害者にもなりやすい状況が生まれてしまうのです。

(10) 集団パワハラが行われてしまうこと

やっかいなのは、美しい理念を掲げる組織や社会正義の実現のために闘うような組織においても、従来、パワハラに関する相談件数が多く、組織的なパワハラが行われてきたように見受けられるのです。

美しい理念を掲げる組織では、普段の活動が立派なため周囲も批判しにくく、逆に被害者がバッシングを受けたりします。たとえば、協同組合におけるハラスメントや過労死は、まさにその典型といえます。

社会正義の実現を掲げる組織では「正義のために働く自分たちは常に正義である」という倒錯した発想に陥りやすく、間違いに対するチェック機能が働きにくいのです。

ハラスメントに関する相談では、被害者自身も元はこのような組織に共鳴していた場合が多く、美しい理念と現実との落差や社会正義の実現を掲げる組織の闇の側面に大きなショックを受けていることが多いと感じます。

3 「治外法権であるかのように振る舞ってきた組織」に労働法を守らせるために

(1) 史上初のチャレンジ

本書は、どこの企業や団体でも起こり得るパワハラ・労働問題・人権問題(それらへの対処)についてお話させていただいています。

同時に、世の中に存在する〝外部からはわかりにくい組織〟においては、〝組織の特殊性〟という法律上は何の正当理由にもならないことを根拠に、横暴な振る舞いがなされがちです。

そのなかでも、「芸能界」や「自衛隊」に関する本が豊富であるのに比較して、とりわけ、労働法の専門家の立場から、「共産党の労働問題」を書き下ろした本はほとんど見当たらないのが現状を指摘させていただきました。

そんなおり、2025年、〈共産党への労基署からの是正勧告〉が入りました。史上初ともいえる内容です。

労働基準監督署が、共産党(福岡県委員会)に対して是正勧告を出したのは、常習的な労働犯罪が行われていたからです。

内容を知って驚きました。その内容からは、「労働者の党」であるはずの共産党が１００年に及ぶ〝組織的な労働犯罪団体〟であることが伺い知れたからです。

実は、私たちが立法制定運動を展開した際には国会議員や多くの方々の署名やお力添えをいただきました。そのなかには共産党界隈の方々も含まれていました。

しかし……。

政党はいわば法律をつくる側の存在です。

にもかかわらず、法律をつくる側が法律を守っていないというのでは、支離滅裂です。

そして、当事者・関係者にもお話をうかがいました。

ひどいハラスメントや違法行為が散見されました……。

これでは、日本国中の「ブラック企業」が「共産党」を〝悪い手本〟としてマネをして労働犯罪をすることにもつながりかねません。

「共産党での労働問題を世間に周知したい」

社会に存在する闇に光を当てることは、現代社会で働く者にとっての〝歴史的使命〟といえるかも知れません。

とはいえ、相手は国会に議席を持つ強力な団体です。

そのような相手に、徒手空拳で闘いを挑む人たち……の存在を知りました。

「共産党の組織的パワハラや違法行為をやめさせる闘いを支援したい」

そのような思いから、本書後半では新たに「共産党での労働問題」をテーマに、**パワハラ・労働問題・人権問題（それらへの対処）という縦軸**を構成していきたいと思います。

えっ！　政党を取り扱うの？　会社（民間企業）とまったく違うんじゃないの？

そのように思われた方もおられるかもしれません。

しかし、両者には数多くの共通点があります。

たとえば、政党は議席を得るために投票によって選挙で選ばれなければなりません。同様に、会社は、同業他社が数多くあるなかで、自社が提供する商品やサービスを選んでもらわなければなりません（消費者は、いわば、お金を使った投票行動をしているわけです）。

さらには、コンプライアンス違反をしていると、社会的信用が落ちてしまう点でも共通しています。

さらに、「ルールを定める側がルールを守っていない」という悪質さは、ブラック企業と完全に共通する問題です。

つまり、会社では就業規則の制定や改正を行います（従業員の過半数代表又は労働組合への意見聴取が必要です）。ハラスメント防止規程も制定します。

しかし、代表自らが、規則を破っていたり、公然とハラスメントを行っていた場合はどうでしょうか。

ルールを制定し適用し取り扱う際には、恣意的なルールを制定したり、それを不平等に適用したり、差別的な取り扱いをしたりしてはならないのです。ましてや、ルールを制定する側が自らルールを破るようなことがあってはならないわけです。

ましてや、会社の就業規則よりも上位である法律などのルールを国会を通じて制定するのが政党の役割です。法制定にも関わる政党が法を破って労働者の権利を侵害し続けてきたことは数百倍悪質であるといえます。

このように、パワハラ問題や違法労働を解決していくために考えなければならないテーマは、完全に共通しているのです。

（2）歴史をもう一歩前進させるために

かつて、過労死という言葉すらなく（単に〝突然死〟という言葉で括られていました）、労災認定基準すらなかった時代がありました。そのような困難な時代から、何十年もの闘いを経て、認定基準をつくり、法制定まで押し上げることができたのは、当事者の方々とともに、みなさまの後押しがあったからにほかなりません。

そして、「過労死防止法」の制定は、「働き方改革関連法」（長時間労働の防止）や「ハラスメント防止法」の制定へとつながり、この国の労働環境を少し良くすることにもつながりました。

歴史をもう一歩前進させるために、今、みなさんとともに、岩盤を穿つ必要のある箇所はどこでしょうか。

＜共産党の労働環境調査の結果＞（第Ⅲ部に資料として掲載）からは、長年にわたり、勝手にあたかも自分たちの組織が治外法権であるかのような振る舞いがされてきた実態が浮かび上がります。

そのような「治外法権であるかのように振る舞ってきた組織」を法の枠内に連れ戻し、労働法を守らせることができれば、法の光が行き届き、この国の労働環境も副次的に良くなっていくと考えました。

本書後半でお話しさせていただくのは、現在進行形の〝治外法権的な組織も労働法に乗せるための闘い〟であり、〝治外法権的な組織で虐げられてきた方々と連帯する闘い〟であり、〝この社会に存在する人権問題を可視化するための闘い〟なのです。

ぜひ、この社会に生きる人間として、この問題を一緒に考えていただければと思います。

そして、身近なところでも「このような問題が起こらないためにはどうすればいいのか」ということを一緒に考えていければと思います。

もちろん、副次的に民主主義の問題についてもみなさんと一緒に考えて、みなさんと一緒により良い世の中をつくっていくことにつなげられたなら、心から幸せに思います。

第3章コラム　ハラスメントの背景にあるもの

（1）戦時体制の影響

本章で紹介したような閉鎖的組織におけるハラスメントの背景にあるものはなんでしょうか。

筆者には、それらの閉鎖的で伝統的な様式を守っている組織においては、いまだ「戦時体制」の影響が、色濃く残っているように思われてなりません。

戦後80年以上が経過しているではないか、などと思われるかもしれません。

しかし、戦時中に導入された制度は、いまもこの国の制度としてそのまま引き継がれています。

たとえば、税制です。もともとナチスドイツや大日本帝国が戦費調達を目的に始めた税金の取り方としての「源泉徴収制度」（給料からの強制的な税金等のの天引き）は、今なお日本において採用され続けています。

もはや戦費調達を目的に開始された制度であることは忘れ去られ常識化されています。

しかしながら、「税金は勝手にとられるものだ」という、本来「納めるもの」であった税制を逆さにしたようなやり方は、税金の使われ方にも政治にも無関心な有権者を生みだし続けてきたのではないでしょうか。

(2) 〝体育会系〟とハラスメントの関係

「戦時体制」の影響は、閉鎖的で伝統的な様式を守っている組織だけの問題ではないように思います。

パワハラというのは、そもそも軍隊に由来している部分があると思われるからです。

戦前（大日本帝国憲法の時代）、日本男子は、体育会系のクラブに入ることを事実上強制されていました。「国のために心と体を鍛える」という名目です。

そこで、先輩からのしごきという、いわゆる「上意下達のシステム」や「命令と服従の関係」を植え付けられてしまったわけです。

このことは、徴兵制により軍隊に召集された後の「上官の命令は朕の命令」だという兵士への移行をスムーズにする役割を果たしたものと考えられます。

そして、戦後も形を変えて「体育会系」の伝統が引き継がれてきたように思われるのです。そのような伝統が許容されるなかで、パワハラ体質や新自由主義とあいまって、ブラックな組織（ブラック企業）が生み出されてきたのではないでしょうか。

第I部で取り上げた組織のなかで、芸能界はわかりませんが、自衛隊は（法律上は警察予備隊としての位置付けだとしても）「軍隊式」「体育会系」の伝統を引き継いでいることは否めません。また、宝塚歌劇団は「女の軍隊」といわれてきましたし、共産党は軍隊式の「鉄の規律」を持つ、といわれてきました。

戦前からの伝統を内在化してしまっているのだとすれば、民間企業でも、私的なサークルでも、一つ間違えば同じようなことが起こる危険性を内包していると思う次第です。

（3）どこでも起こる問題

この章では、自衛隊、芸能界、共産党、ブラック企業というような、いわば特殊な団体についてお話しさせていただきました。

ただ、どこの組織でも表向きは良いことを掲げます。本音と建前とがあるのは日本社会の特徴かもしれません。

そういった観点からは、多かれ少なかれ、自分たちの所属している団体やサークルにもそういう共通点があるのではないでしょうか？

第Ⅱ部も、いわば、普遍的な問題として、一緒に考えていくことができたなら幸いです。


【引用・参照文献】

〈自衛隊員のメンタルヘルス調査について〉
「全隊員1割にPTSD、うつ　防衛省調査」（毎日新聞　2017年3月11日記事）
〈自衛隊員の自殺について〉
NHKクローズアップ現代＋「ある自衛隊員の自殺」（2021年1月6日放映）
〈自衛隊員の労働環境について〉
三宅勝久『絶望の自衛隊：人間破壊の現場から』（花伝社）
小笠原理恵『こんなにひどい自衛隊生活』（飛鳥新社）

第Ⅱ部

共産党の問題事例から考える

第４章　田村智子委員長の壮絶なパワハラデビュー

序　日本共産党・党大会のパワハラ事件
――「排除より包摂」を掲げた議員への組織的攻撃

（1）初の女性委員長が「パワハラデビュー」

２０２４年、日本共産党に23年ぶりの委員長交代が訪れた。新たに委員長に就任したのは田村智子さん。初の女性委員長として期待が集まったが、その船出は「共産党は何も変わらない」と世間に強烈なメッセージを送るものとなった。

党大会の場で、田村委員長が公然と行ったのは、神奈川県議会議員である大山奈々子さんに対する人格攻撃だった。彼女は「排除ではなく包摂を」と、党の除名処分に異論を唱えただけだった。

ところが、党大会の場で８００人の面前で彼女の発言を糾弾し、「主体性を欠く」「誠実さを欠く」と強い批判を浴びせた。

これは単なる意見の違いではなく、公然としたパワーハラスメントだった。特に、大勢の構成員が見守るなかでの糾弾は、「吊し上げ」とも表現できるものであり、民主的な政党運営とはかけ離れていた。

(2) パワハラの法的観点

パワーハラスメント（パワハラ）は、２０２０年に施行された「労働施策総合推進法」において明確に定義されている。

① 優越的関係を背景にした行為

党大会という公の場で、党中央が議員に対して行った糾弾は、組織のトップによる一方的な批判であり、優越的関係を背景にした言動に該当する。

② 業務上必要かつ相当な範囲を超えている

大山氏は、市民からの意見を党に届けるという代議員としての役割を果たしたにすぎない。しかし、田村氏の発言は、発言内容ではなく「大山氏自身」に対する人格攻撃に終始した。これは、パワハラの範疇を超えた不当な攻撃である。

③ 就業環境を害する

党大会後、大山氏の周囲の党員が彼女を避けるようになったという証言もあり、党内での活動環境が著しく悪化したことは明白だ。組織全体の同調圧力によって、異論を唱えた者が社会的に排除される状況は、深刻な人権侵害といえる。

（3）「吊し上げ」の違法性と民間企業との比較

日本の法律では、組織的なパワハラは「共同不法行為」（民法第719条）として損害賠償責任が課される可能性がある。

また、民間企業で同様の行為が行われた場合、

- 労働契約法第5条（安全配慮義務）違反
- 労災保険法（精神的損害による労災認定）
- 会社法第429条（経営陣の責任）

などに問われる可能性がある。

もし、民間企業で上司が部下に対して同様の言動を行えば、パワハラ防止法に基づき厳しい処分が下される。たとえば、

- 800人の社員の前で1人の社員を名指しで批判し、「誠実さを欠く」などと人格攻撃を行う。
- その発言後、社員が孤立し、業務に支障が出る。
- 会社側がハラスメントを問題視せず、さらに被害者を悪者にする。

このような事例は、まともな企業であれば即座にコンプライアンス問題として取り扱われ、加害者は懲戒処分の対象となる。

対して、ブラック企業や日本共産党の場合は、幹部によるハラスメントが横行しても、まともな企業のように内部統制が働かず、責任を取る仕組みが存在しない（機能しない）ことが問題である。組織内の「意思統一」を理由に、被害者の声を封殺するという違法なやり方をしてしまっているわけである。

(4) 共産党の「無責任体質」

外に向かって「ブラック企業根絶」を掲げる党が、内に向かって「ブラック企業顔負けの違法行為」を行っている問題の根底には、日本共産党の異常な「無責任体質」がある。

1　トップが責任を取らない
・23年間委員長を務めた志位和夫氏が議長に「昇格」し、実質的な影響力を保持。
・パワハラが発生しても、トップは謝罪もせず、説明責任も果たさない。

2　組織ぐるみのハラスメント
・党内で異論を唱える者に対し、公開の場で糾弾。
・さらに、党内で「あれはパワハラではない」と意思統一を図ることで、セカンドハラスメントを誘発。

３　外部への対応の二枚舌
・「排除より包摂を」と主張しながら、異論を唱える党員を徹底排除。
・「ハラスメント防止」を掲げながら、実際にはパワハラを助長。

（5）みなさまと一緒に考えていきたいこと

政党であれ企業であれ、社会に対して影響力を持つ組織は、内部の人権侵害を放置することは許されない。コンプライアンスを強化し、内部統制を強化し、パワハラを根絶すべきである。ハラスメントはどこにでも起こる問題である。パワハラのない社会を実現するために、全世界に放映されるなかで起こった、この公開パワハラ事件について、みなさまと一緒に考えていきたい。

この章では、「排除より包摂を」と主張した議員がパワハラを受けるに至った過程を追いながら、ハラスメントや人権侵害のない社会について考えていきます——。

1　委員長の交代と鮮烈なパワハラデビュー

（1）党大会パワハラ事件

２０２４年に共産党の委員長が交代しました。

私は社会運動に携わるなかで、ご縁をいただいて、政党関係者やマスコミ関係者と交流を持ってきました。共産党にも「労働者の党」だというので好感を持っていましたし、「しんぶん赤旗」の記者にも取材していただき誌上に登場もしています。

しかし、共産党や赤旗に違和感を持たれている方も多いのではないでしょうか。

たとえば、ジャーナリストでベテラン党員であった松竹さんという方が「党首公選制」を求める本を出版したのですが、出版を理由にその方を除名してしまったわけです。

それだけではなく、その後、しんぶん赤旗では、「心臓部に対する攻撃だ」とか「反動勢力と結託している」などというヒステリックで根拠不明の記事が掲載され、松竹さんに対する執拗な組織的なハラスメントが行われました。

これでは、特殊で近寄りがたい、と思われて、支持者が減るのも当然ではないでしょうか。

そんななかで、２０２４年に共産党の委員長が交代しました。実に23年ぶりです。

次ページに表を掲載しておきましたが、ほとんど終身制と思われるくらい、共産党の幹部の任期は長いです。世襲制の徳川幕府の歴代将軍よりも平均任期が長いといえば、その異常性が浮かび上がります。

とはいえ、初めての女性委員長が誕生したのです。共産党のような組織であっても、少しは変わるだろうと期待するのが普通です。

表　日本共産党のトップの変遷

1922年	コミンテルン日本支部。非合法政党として活動を始める
1955年	**野坂参三**さんが党トップの第一書記に就任。 武装闘争方針を放棄。以後、革命の方法は暴力的になるか平和的になるかは敵の出方によるという「敵の出方論」に転じる。
1958年	**宮本顕治**さんが党トップの書記長に就任（70年には新設ポストの委員長に就任）。 野坂さんは議長に。
1982年	**不破哲三**さんが委員長就任。宮本さんは議長に。野坂さんは名誉議長に。 ※不破さんが「心臓病」で入院時に1987年～89年まで村上弘さんが臨時に委員長代行を務めたことがある
2000年	**志位和夫**さんが委員長就任。不破さんは議長に
2024年	**田村智子**さんが委員長就任。志位さんは議長に

私も、共産党のイメージチェンジにつながるのではないか、と思っていました。

ところが、有権者に残っていた期待を完膚なきまでに裏切り、期待に応えるどころか、共産党は変わる意思がないということを痛烈にアピールするような事件が発生してしまいました。

それが、委員長就任をアピールする場であった大会における「田村委員長の壮絶なパワハラデビュー」です。

実は、この章で取り上げる大山奈々子さんへのパワハラは「組織的で仕組まれたパワハラ」でした。このあたりの事情は『日本共産党の改革を求めて』（あけび書房）に詳しいです。同書や掲載資料を参考に「党大会パワハラ」および前後の一連のハラスメントを検証していくことにします。

（2）民主的改革を求めている者を「こんな連中」と敵扱い

党大会（第29回党大会）初日である大会1日目（2024年1月15日）に、特別発言した内田裕さん（福岡県委員長）が、党首公選制の導入など党運営の透明化を訴える書籍を出版した松竹伸幸さんに対する不当な除名を批判したり、共産党の人権侵害を告発し民主的改革を求めたり、党内外で異論を唱える有権者を敵視して、「こんな連中」と悪罵をとばします。

党内外からの批判や進言に対して、「反共攻撃」というレッテルを貼って参加者に思考停止を強要し、敵意と排除の意思をむき出しにする異常な大会運営によって〝田村委員長時代〟は幕開けたのでした。

私の尊敬する政治家の一人に田中角栄がいます。

田中角栄は、政治家（とりわけ総理大臣や閣僚）に求められる資質として「包容力」を挙げていました。異なる政策、考え方をもつ者を排除するのではなく、包容していくことが求められているのです。

議員は選出された母体の代表のみではなく、「全国民」の代表（憲法43条）とされています。国会議員で多数獲得をめざす政党も、同じように、異論をもつ国民をも包含して多数派を形成していくことが求められているのです。

党内外の人たちを一緒くたにして「こんな連中」と敵意を剥き出しにして罵るような政党が権力を獲得すれば、お隣の「北」の国のようになってしまわないか。そんな不安を覚えさせる政党に、国民の多数の支持が集まらないのも当然といえるのではないでしょうか。

（3）大山奈々子さんによる発言

大会2日目（2024年1月16日）には、大会代議員の大山奈々子さん（神奈川県議会議員団長）が、松竹さんらが相次いで除名処分となったことについて、市民からいろいろ意見が出ているので、そういう声を聞くべきだという発言をしました。議員として党運営の在り方について市民からの率直な声を伝えたのです。

しかし、党中央のやり方にケチをつけることは、この党では許されないのでしょう。大山奈々子さんに対して、とんでもない人格否定を含むパワハラが加えられることになります。

問題となった大山さんの発言がどのようなものであったか、まずは「しんぶん赤旗」から引用してみます。

①「しんぶん赤旗」による紹介記事

昨年地方選前に松竹氏の著作が発刊され、その後まもなく彼は除名処分となりました。私は本を読んでいませんが、何人もの人から「やはり共産党は怖い」「除名はだめだ」と言われました。将来共産党が政権をとったら、国民をこんなふうに統制すると思えてしまうと。問題は出版したことよりも除名処分ではないでしょうか。(しんぶん赤旗・2024年1月18日)

実は、右記の掲載記事は、発言の一部だけが切り取られ、しかも大山さんが(議員活動が忙しくて松竹さんの本を読みたいのだが)「私は松竹氏の著作は読めていません」と発言したものを「私は本を読んでいません」とまったく読み手の印象が変わってしまう改竄がされたものです。

より客観的で正確な判断をするためには『日本共産党の改革を求めて』(あけび書房)を参考にさ

れることをお勧めさせていただきます。同書には大山県議の発言原稿と意見書がそのまま掲載されています。

大山さんの発言の真意を探るために、（前半は議員活動や訪問活動の報告でしたので省略するとして）後半の部分をまるまる引用させていただきます。

②大山奈々子さんの発言

次に松竹氏の除名問題で顕在化した党内民主主義の課題についてです。私は松竹氏の著作は読めていません。「異論だから除名したのではない」という党の見解に立てば、そこが問題ではないという考え方からです。

先に説明したベタ訪問の重要な意義は、赤旗も後援会ニュースも読んでいない方のいわば国民マジョリティーの生の声を聞くことができることです。昨年、地方選前に松竹氏の著作が発刊され、その後、まもなく彼は除名処分となりました。大事な時期に、なんということをしてくれたのかと、松竹氏に怒る仲間の声がありましたが、問題は出版したことよりも除名処分ではないでしょうか？

何人もの方から「やっぱり共産党は怖いわね」と、「除名なんかやってちゃダメだよ」と言われました。

私は党の見解を紹介するわけですが、「党内ルールに反していたためだとしても、こんなことになるなら、将来、共産党が政権をとったら、党内に限らず、国民をこんな風に統制するんだと思えてしまう」と。党の未来社会論への疑念につながっているわけです。「志位さんに言っといてね」と言われていましたので、この場所に立っています。

結社の自由を唱えてみても、党内論理が社会通念と乖離している場合に、寄せられる批判を攻撃と呼ぶのではなく、謙虚に見直すことが必要です。規約に反したことをしていたとしたなら、当然処分もあり得るのでしょうが、それが除名なのか。犯罪を犯したわけでもない人に、この処分の決定と早さと重さについて疑問を持つ仲間は少なくありません。党大会にもその声は多数寄せられているようです。

一時期人気を博した希望の党から人心が急速に離れたきっかけは、小池百合子都知事の「排除いたします」という発言であったことは記憶に新しく、あのとき国民が感じた失意が今私たち共産党に向けられていると認識すべきです。

除名したことについて「異論を唱えたからではない」と繰り返し我が党の見解が報じられていますが、その後に続く論には、松竹氏の論の中身の問題が熱心に展開されますので、やはり異論だから排除されたと思わせてしまうのです。

この問題について「メディアによる攻撃」論が繰り返し訴えられますが、攻撃の理由を与えてしまったのは党の判断である以上、その判断に間違いはないというのであれば、いっそうわが党が民主的である証左として、松竹氏による再審査請求を適切に受け止めて、国民の疑念を晴らすべく透明性を持って対処することを要望いたします。

昨日の報告では、大会議案第3に指導部の選出方法や民主集中制についてその見直しを求める論は、革命論抜きの組織論だと強調されましたが、それならばそういう意見を交換してはいかがでしょうか。

除名という形は対話の拒否にほかなりません。排除の論理でなく、包摂の論理を尊重することは、国際関係だけではなく、政党運営にも求められていると感じています。革命政党が団結を重んじなければならないことはもちろんですが、だからその厳しさは理解が難しいという孤高の立場ではなく、広く国民に理解される努力をするべきだと考えます。党の発展を心から願って発言を終わります。


いかがでしょうか。若干、政党独自の専門用語が見受けられます。

しかし、内容は至ってシンプルです。

除名は対話の拒否にほかならない。排除の論理ではなく、包摂の論理を尊重することが党運営に求められている。これらは、ウクライナなどの国際紛争に対して、対外的に共産党がいつも主張していることとです。「武力よりも対話を」「排除よりも包摂を」

大山県議は、排他的で恣意的なやり方に危機感を抱き、対外的に共産党がいつも主張していることを、対内的な政党運営にも求めただけなのです。

(4) パワハラを行うための恣意的な組織運営

大山さんは代議員としての当然の役目を果たしたに過ぎません。議員活動や訪問活動を通じてひざを交えて話しをするなかで寄せられている「やっぱり共産党は怖いわね」という有権者の声を紹介し、異論を排除する全体主義的な党運営ではなく、民主的な党運営を求めたわけです。

ところが、党中央はそのような包容力のある団体ではありませんでした。議事運営権を濫用して、大山さんの発言後、今まで発言が決まっていた代議員を急遽差し替えて、大山さん批判のための代議員を3人も並べられて、吊し上げのようなことがなされたのです。これらの「発言」は一方的なものであり、その後、大山さんがさらに再反論をする機会は与えられません。

まさに、パワハラを行うための恣意的な組織運営がされたわけです。

(5) 田村智子さんによる大山県議に対する公開パワハラ発言(全文)

そして、最終日4日目(2024年1月18日)に田村智子さん(現委員長)が討論のまとめとなる党大会の「結語」で、代議員の大山奈々子氏の大会発言に対して数分間にわたり人格攻撃を含む激しい批判を展開しました。

インターネット中継までされている満座の席で、前述の大山発言を糾弾して吊るし上げたわけです。

ここでは、田村智子さん(加害者)による大山議員に対する公開パワハラ発言(全文)を掲載させていただきます。

ハラスメントの専門家として指摘しておきたいのは、優越的地位にいる加害者が、大山さんの「発言内容」ではなく「大山さん自身」を標的にしている点で、〝いじめ〟に近いものであるという点です。実際に「発言は」という主語は少なく「発言者」(＝大山さん自身)を問題にしています(太字は筆者による)ので、そのあたりにも注意して読み進めていただければと思います。

党大会での発言は一般的に自由であり自由な発言を保障しています。しかし、この**発言者**の**発言内容**は極めて重大です。

私は「除名処分を行ったことが問題」という発言を行った**発言者**について、まず、**発言者の姿勢**に根本的な問題があることを厳しく指摘いたします。

発言者は「問題は出版したことより除名処分ではないか」と発言しながら除名処分のどこが問題なのかを何も示していません。

発言者は元党員が綱領と規約にどのような攻撃を行ったかを検証することも、公表している党の主張・見解の何が問題なのかも、何一つ具体的に指摘していません。

発言者が述べたのは、ただ「党外の人がこう言っている」ということだけなのです。党外の人が言っていることのみをもって「処分が問題」と断じるのは、あまりにも党員としての主体性を欠き誠実さを欠く発言だと言わなければなりません。

発言者は「希望の党」の小池百合子代表の「排除」発言をもちだして「あのとき国民が感じた失意がいま私たち共産党に向けられていると認識すべき」とまで発言しました。反共分裂主義によって野党共闘を破壊した大逆流と並べて党の対応を批判するというのはまったく節度を欠いた乱暴な発言というほかありません。(拍手)

発言者は「除名というのは対話の拒否だ」と述べ「包摂の論理を尊重することは政党運営にも求められている」と述べました。しかし対話を拒否したのは誰か。党を除名された元党員は、自分の意見を一度として党の正規の会議で述べたことはなく、一度として正規のルールにのっとって党に意見を提出したこともない、党内での一切の対話の努力をしないまま、党外からいきなり党攻撃を開始したというのが事実です。

ここでも**発言者**は批判の矛先を180度間違えていると言われなければなりません。党を除名された元党員の問題は山下副委員長の報告で詳しく解明したように「共産党の安保・自衛隊政策が野党共闘の障害になっている」「安保容認・自衛隊合憲に政策を変えよ」「民主集中制を放棄せよ」という支配勢力の攻撃に飲み込まれ射落とされ屈服したところに政治的本質があります。（拍手）党外から出版という形で党の綱領と規約を攻撃した者を除名処分にしたことは当然です。問題のこの政治的本質をまったく理解していないことに発言者の大きな問題があると言わなければなりません。（拍手）（しんぶん赤旗・2024年1月20日）

いかがでしょうか。（若干、内容についての発言もありますが、これが「論理のすり替え」であることは後で指摘します）。

私は民間企業においては「ハラスメント委員会」の議長を務めたりもしています。次の項からは、法律的な観点からの詳細な分析もしていきたいと思います。

しかし、本件は、「ド・ストライク」のパワハラなのです。

一読しただけで、この言動は「精神的な攻撃」（パワハラの類型）に該当することが、みなさまにもお分かりいただけたのではないかと思います。

さらに、実際の事案の精査・判断においては「言動の態様」も加味されるのですが、この態様については、インターネット配信されていてYouTubeなどでも視聴ができます。

党首公選制導入を訴えた党員の除名処分に異論を唱えた大会出席者を公開の場で「発言者の姿勢に根本的な問題があることを厳しく指摘する」と糾弾し、吊るし上げ、公開の場でのパワーハラスメントを行って〝みせしめ〟にしています。

ネットでは田村さんの「言動の態様」について、「鬼の形相で」「般若のような形相で」「見ればトラウマになる」などと表現されていました。

ぜひとも、ご自身の目で、この〝糾弾会〟の様子を確かめていただけたなら幸いです（このような公開パワハラは、日本の政党史上でも類をみないはずですので、一見の価値ありです）。

2　法律的な観点からみた「党大会パワハラ事件」

（1）一連の行為の一つひとつが「パワハラ」の要件に該当する

まず、パワハラやいじめは民法709条でいう不法行為に該当します。職場におけるパワハラやいじめだけが規制されているわけではありません。パワハラが原因となって損害が発生したような場合、上司や会社にはその賠償をする責任があります（民法709条［不法行為］、民法715条［使用者責任」)。

とはいえ、職場におけるパワハラが典型でもあることからこれを念頭に、パワハラについて厚生労働省では、「以下3つの要件を満たすもの」と定義しています。

① 優越的な関係を背景とした言動であること
② 業務上必要かつ相当な範囲を超えたものであること
③ 労働者の就業環境が害されるものであること

以下ではこれに準じて、本件がこの3要件に該当するかの観点から、検討をしていきます。

① 優越的地位を背景としていること

まず、「党大会パワハラ事件」を念頭に置きますと、党大会は4日間連続で、4日とも平日の昼間に開催されています。党大会に出る人はほとんどが党職員（専従者）であり、共産党に雇われている方です。

党組織で働いている職員は、党からお金をもらっている以上、党に対して違う意見がいいづらい状況にあります。

議員も党員であるうえに、公認をもらうことによって選挙に通るかどうかが左右される立場にあるため、優越的な関係にあるといえます。

そのほかにも、本件は議事運用権を濫用できる側が恣意的な議事運用をしたケースと評価できますが、そのこと自体が優越的地位を背景としているからにほかなりません。

②必要かつ相当な範囲を超えたものであること

【擁護できないレベルでのパワーハラスメント】

一般論でいえば、（仕事でミスした場合の）「叱責」と「パワハラ」との境界線上の区別は判断が難しかったりします。

しかし、そもそも、本件は仕事でミスした場合ではありません。仕事ができないことでハラスメントが行われたのではなく、そんなこととは無関係の人格攻撃が集団で行われた事案であるといえます。

いや、むしろ、大山さんは「仕事をしている」のです。

大山さんは県会議員という公職に就いています。政党は市民と議会を媒介することが役割とされています。そうである以上、現職の議員が〝このような声がある〟と民意（市民の声）を紹介することは、議員の仕事です。

大山さんは支部や支持者の声を党大会に届けるという、代議員としての当然の役割を果たしたに過ぎないのです。

にもかかわらず、「主体性を欠く」と８００人の前で批判され、人格否定のような仕打ちがされたわけです。党大会で市民の声を聴く行為を「主体性を欠く」行為として公然と切り捨てたわけです（公開されていることを忘れたのでしょうか）。

そもそも、共産党は市民の声をきかない政党なのでしょうか？

たとえば、小池百合子さんが当選し、石丸伸二さんが躍進し、蓮舫さんが敗北した、2024年7月7日の東京都知事選挙の後に出された声明文には、以下のように記載されています。

「東京都知事選挙と都議補欠選挙の結果について」（共産党東京都委員会常任委員会）

「今回の知事選からどういう教訓を引き出すかについては、都民・市民のみなさんの声に耳を傾け、蓮舫候補を共同で擁立した市民と野党のみなさんと率直な議論を交わし、今後の力となるようにします」

日頃配られている共産党のチラシには、「率直な議論を交わし」たいとか、「みなさんの声に耳を傾け」ますとか、「みなさんの声をお寄せください」といった言葉が並んでいます。

それなのに、市民からの声を伝えたら「党員としての主体性を欠き、誠実さを欠」いている、「資質がなっていない」などと、党を代表する委員長から800人の前で公開糾弾されてしまうのです。

こんな表と裏の使い分けをするのであれば、この政党はもはや民主主義政党を名乗るべきではありません。

田村さんの発言は、批判の矛先を180度間違えており、民主主義をまったく理解していないことに大きな問題があります。

これは擁護できないレベルでのパワハラです。

まともな民間企業ではおよそ有り得ないレベル、ほとんどブラック企業のレベルといわなければなりません。


【反社的パワーハラスメント】


上記のハラスメントは反社会的勢力が用いるような手法に似ており、パワハラのなかでも最悪の〝反社的パワーハラスメント〟に近いと評価できます。

「前門の虎・後門の狼」という「進退両難の地位」に〝追い込み〟をかけられているのです。

「行きも地獄・帰るも地獄」

被害者にとってはどちらも地獄でしかありません。

具体的な説明をすると、
被害者に対して
「お前何目をそらしとんねん。人と話をするときは人の目を見て話さんかい」
といって因縁を付けるわけです。
被害者がいわれたとおりに加害者である相手の目を見て話すと
「お前何メンチ切っとんねん。喧嘩を売ってんのか?」

といって因縁を付けてボコボコにする。
これはヤクザのやり方です。

市民からの声を伝えるよういわれていたので、いわれたとおりに市民の声を伝えたら、「姿勢に根本的な問題がある」と公開糾弾されて吊し上げられてしまう。

かつてブラック企業問題が世間を騒がせていたときに、一部のブラック企業が行っていた退職強要の手口にも似ています。

書類をつくれといわれて、いわれたとおりに書類を作成して持って行ったら、目の前で書類をシュレッダーにかけられてしまう。同じことが延々と繰り返される。

これをやられると人間は内面から破壊されてしまうのです。

このような反社会的なブラック企業の手口を非難し、告発していたのが共産党であったはずなのです。

本件は（そもそも誰にとって何のための「必要性」があったのかが疑問ですが）必要な範囲を越えたものであるのは明らかで、反社やブラック企業が用いる手口に近いハラスメントだと考えられます。

③労働者の就業環境が害されるものであること

党中央に都合の悪い市民の声は聴かないで切り捨てないと、「主体性を欠く」と人格攻撃を受ける。これはいわば民主主義の実践を否定されたのも同然です。

県会議員である大山さんは、このような吊し上げにより、〝このような声がある〟と市民の声を紹介できなくなります。

党中央と異なる見解を市民から聞いても、〝内向け〟には異論を弾圧し糾弾する組織であることを理解しながら、〝外向け〟には「率直な議論」をするポーズをしているだけだということを、〝外向け〟に伝えなければならないことになります。

このような欺瞞的なやり方で、信頼を勝ち取れるほど、有権者は愚かではないと思うので、有権者との関係性にひびが入り、次回の当選もおぼつかなくなりかねません。

さらに、大山さんがしんどいと感じたのは、「大会後、大山さんの眼を正視しない人が増えて、最も信頼していた同志が対話を避ける」または「地元の仲間が『党と意見が違う人とは一緒に立てない』と宣伝を拒否した」ことなどです。

多角的に、就労環境が害されているのは明らかです。

（2）パワハラであることを強烈に加味する事由

①「頻度・継続性」…事前・事後・集団での執拗で陰湿なパワハラ

事案が悪質であるかの判断に際しては、ハラスメントの「頻度・継続性」も加味されますので、これについて検討していきます。

【事前ハラスメント】

大山さんは、党大会での発言以前に、すでにハラスメントを受けています。

神奈川県県会議員である大山さんが、党の県のレベルの会議で発言したところ、市民から声を聞くべき旨のごくありふれた内容であったのですが、その発言の内容が問題視されました。

大山さんが全国大会でも同様の発言をすることを組織側が封殺したかったのだと思われます。

当時の県委員長などと3時間半の懇談が組まれました。さらに、中央から再度懇談する旨を告げられて、実際に年明けの1月5日に山下芳生さん（副委員長）が来て、さらに3時間半に及ぶ長時間の懇談があったとのことです。懇談の内容は実質的に発言中止を要請するものであり、大山さん自身は「口封じだと感じた」と後日話しています。

【事後ハラスメント】

また「党大会パワハラ」後も、山下さんとの懇談が5時間行われました。

懇談の内容は、大山さんに自らの発言内容が誤りであることを認めるように迫るものでした。圧力そのものです。

大山さんはこの時点ですでに結語での吊し上げがパワハラであることを訴えています。

大会が終了した翌日、大山さんは山下さんに「私が自殺しなくてよかったですね」と話しています。

厚生労働省の通達やマニュアルでは、ハラスメントは「人の命にもかかわる重要な事柄」である旨が記載されていることを、何も理解していないのでしょうか。

なお、判例でも、このような個人を攻撃する発言に対して、パワハラでの労災認定が認められています（東京高判平成19年10月15日参照）。

労災認定に際しての職場における心理的負荷表における『ひどい嫌がらせ、いじめ』の項目にも該当します。

まして、とりわけ組織のトップを含む執拗な吊し上げによる加害発言ですから、より悪質です。

②「言動の態様」…〝みせしめ〟のための吊し上げ

事案が悪質であるかの判断に際しては、ハラスメントにおける「言動の態様」も加味されますので、これについて検討していきます。

いわゆる「党大会パワハラ」を実際に視聴された方は、田村さんの「言動の態様」について、「鬼の形相で」「般若のような形相で」「見ればトラウマになる」などと表現されています。

ネットでも同様の感想が寄せられています。

この「事件」については、インターネット配信されていてＹｏｕＴｕｂｅなどでも視聴ができます。ぜひとも、ご自身の目で、この〝糾弾会〟の様子を確かめてくださればと思います。

このような公開パワハラは、日本の政党史上でも類をみないはずですので、一見の価値ありです。まさに、党首公選制の導入を訴えた党員の除名処分に異論を唱えた大会出席者を公開の場で「発言者の姿勢に根本的な問題があることを厳しく指摘する」と糾弾し、吊るし上げ、公開の場でのパワーハラスメントを行って〝みせしめ〟にしている様子が追体験できます。

③「被害者の属性や心身状況」…大山さんの意見書

事案が悪質であるかの判断に際しては、ハラスメントの「被害者の属性や心身状況」も加味されますので、これについて検討していきます。

そもそも、大会前後に圧力的な面談をしていること自体が「人権侵害」そのものです（これを「自由な討論」と称するには、北朝鮮を「自由な国家」と称するのと同じ蛮行でしょう）。

大山さん自身も、パワハラであることを訴えて、中央に意見書を出して田村さんによるパワハラの第三者委員会の開催を要求しています（産経新聞、京都新聞２０２４年6月8日配信記事）。

これに対して、党側は、第三者委員会の開催要求を黙殺するだけでなく、松竹さんの主張がいかに綱領に反したものであるかについての「学習」の機会を持つ方式で対応をしているようです。

パワハラの加害者側と同じ意見になるまで「学習」させる気なのでしょうか。自分たちの意に添わない批判的な意見を拒絶し、異なる意見を持つ者を教化洗脳しようとしていると解釈されても仕方がないような異様さであり、明らかなセカンドハラスメントです。

3　「人格攻撃」は法律的な観点からはどのように評価されるか

（1）第2類型の「精神的な攻撃」に該当する

では、「人格攻撃」や「集団でのつるし上げ」は法律的な観点からはどのように評価されるかでしょうか。まず、厚労省の分類（19ページ表を参照）にあてはめれば、第二類型の「精神的な攻撃」に該当するのは明らかです。

（2）人格攻撃はパワハラそのものである

厚生労働省は、精神的な攻撃によるパワハラを「優越的な関係に基づいた人格を否定するような発言」としています。

本件では、結語におけるパワハラ以前にも、議事運用権を濫用できる側が、大山代議員に反論の機会を与えることなく、公開の場で一方的に吊るし上げています。

そして、トリに登場した田村さん（委員長）が、大会結語のなかで、大山さんを「姿勢に根本的な問題がある」「党としての主体性を欠き、誠実さを欠く」と批判しました。

このような大山さんに対する「誠実さを欠く」「節度を欠く」などという指摘は個人の人格に踏み込んだものであり、人格攻撃にあたります。すなわち、「姿勢」や「主体性」「誠実さ」などは大山さんの人格そのものであり、発言者の人格を傷つけるパワハラそのものです。

（3）内容に対する「すり替え」や「抗拒不能の状態」を利用した問題点

本件には、ハラスメントの加害者側が、被害者の発言の内容に対する「すり替え」や「抗拒不能の状態」を利用した問題点もあります。

そもそも、大山さんは「党内外」の人の声を伝えています。にもかかわらず、「党外」の人がこういっていることのみ、であるかのような限定的な内容にすり替えられてしまっています。

さらにいえば、半世紀もの間ずっと党に貢献してきた松竹さんや鈴木さんのような人でさえ「党首公選制」を提案した途端に除名して排除されたのです。主権者が「こういうことをする政党が政権に関わったらヤバいんじゃないか」と危惧するのは当然です。この〝発言内容〟の要点は容易に理解できます。

にもかかわらず、「発言者は（略）除名処分のどこが問題なのかを、何も示していません」と〝発言者〟の問題にすり替えた挙げ句に、そもそも、1回しか発言の機会（わずか8分間ほどの持ち時間の半分を使っただけ）で示せるはずがないことをわかりながら、しかも、その後の発言を意図的に封じながら、人格攻撃を展開しているわけです。

残念ながら、田村さんらには人権やハラスメントに対する知識や理解が極めて乏しいのでしょう。「人権侵害」を別の「人権侵害」によって封殺を図るという、最悪の対応ですから。

そして、組織の代表者がこのような最悪の対応をしてしまっている点からも、この組織の闇の深さをうかがい知ることができます。

4 「集団での吊し上げ」は法律的な観点からはどのように評価されるか

（1）組織的で計画的な集団ハラスメント

大山代議員は支部の党員や支持者の声を党大会に届けるという、代議員としての当然の役目を果たしました。

その内容が意に添わなかったのかも知れませんが、資質がなっていないなどと、最終的な結語というまとめの場で、党を代表をする委員長が、８００人の参加者の面前で（なおかつネットにも公開されている状況で）たった一人の人物の〝態度〟や〝姿勢〟をあげつらって、名指しで吊し上げたわけです。

そもそも、様々な声を聞くことは民主主義の前提であり、話し合いの前提となるのが価値相対主義です。

にもかかわらず、そのような主権者の声を伝えて「排除より包摂を」と発言したところ、その〝発言内容〟や民主主義の根幹をなす問題に対しては一切応えようとせずに、それを「主体性を欠き誠実さを欠く」として〝発言者〟に対する人格攻撃にすり替えて封殺を図っています。

たった一人の人間を個人攻撃・人格攻撃をしている（目に見えないメンタル的な部分を批判している）ので、前後の事情と合わせて、組織的で計画的な「集団パワーハラスメント」が行われたと認定することができます。

個人でやってパワハラになることは、集団でやってもパワハラであり、より悪質です。

（２）ハラスメントと民法上の責任

法律的には、ハラスメントはいじめなので不法行為責任（民法７０９条）が成立するだけでなく、これを被用者が行えば使用者責任（民法715条）が成立し、集団で行えば共同不法行為責任（民法719条）を追わなければならないような行為なのです。

なお、「あれはハラスメントではないと中央委員会はじめ各都道府県で意思統一をしてい」たようですが、加害者側がこのような意思統一をすることは法的に意味がない（違法性は軽減されない）ばかりか、逆にセカンドハラスメントとして違法性を過重する行為に該当すると考えられます。

このような対応は「人権侵害」を新たな「人権侵害」（セカンドハラスメント）によって封殺を図るという、最悪の対応にほかなりません。ハラスメントを根絶するどころか、まさに「促進している」といわざるを得ないと考えます。

5　民間企業であればどうなるか

（1）民間企業との比較におけるハラスメント対応

では、ここからは民間企業であればどうなるかについて。

まずは一般論からお話させてください。

一般の民間企業において管理職が管理職教育でいわれることは、「褒める時はみんなの前で、叱る時は個別に」です。人格否定をせずに、相手の話を最後まで聞くということです。

ところが、本件の場合はまったく逆のことが行われています。

まさに「ハラスメント党大会」の総まとめとして、たった一人の人物に対して精神的な攻撃を加え、それに対して反論する機会を与えないわけです。

集団で〝よってたかって〟、一人の人間の人格否定を行う。８００人の参加者のなかで一人だけを指して、その人の「姿勢」や、「党員としての主体性や誠実さを欠く」など人格攻撃と見まごうような言葉を並べ長い時間を割いて批判。これは紛れもない集団パワハラです。

民間企業さんにおかれましては、共産党さんを反面教師として、悪いお手本として、ハラスメント防止に務めていただければ幸いです。

(2) ハラスメントと労働法上の責任

ハラスメントは、民法的には、不法行為・使用者責任・共同不法行為が成立する旨をお話しさせていただきました。

しかし、それだけではなく、労働法上も安全配慮義務違反（労働契約法5条）が成立して会社側は損害賠償責任を負うことがあります。さらに、ハラスメントは、労災保険法上も労災認定が認められることがあります。

パワハラの類型でもある「精神的な攻撃」について、国・静岡労基署長（日研化学）事件〔東京高判平成19年10月15日〕でも、個人を攻撃する発言に対して、パワハラでの労災認定が認められています。この事件の判例は、職場における心理的負荷表に「ひどい嫌がらせ、いじめ、又は暴行を受けた」の項目がつくられるきっかけとなったものです。判例が、認定基準を形成する役割（法形成機能）を担った一例といえます。

なお、日研化学では「上司」による発言が問題とされましたが、共産党さんは組織のトップによる加害発言ですから、より悪質です。

民間企業さんにおかれましては、共産党さんを反面教師として、悪いお手本として、ハラスメント防止に務めていただければ幸いです。

（3）ハラスメントと会社法上の責任

ハラスメントは、会社法上も、役員等の第三者に対する損害賠償責任が成立して会社側は損害賠償責任を負うことがあります（会社法429条）。要するに、経営者や役員へも責任が及ぶ可能性があるということです。

この会社法429条の責任は、不法行為とは別個の法定責任とされているので、ダブルで責任を負うということになります。

ハラスメントについて覚えておかなければならないことは、会社や事業主に厳格な審査・判定がなされるということです。また、現代の社会状況や価値観が、司法判断にも影響を及ぼします。

パワハラ事件では、サン・チャレンジ事件〔東京地判平成26年11月4日〕が経営者・役員責任を認めたリーディングケースとして有名です。『判例百選』（有斐閣）にも掲載されているような有名な事件です。

（4）民間企業のコーポレートガバナンス

民間企業のコーポレートガバナンスは、実は、国の制度を模してつくられています。言い換えれば、会社法上の〝企業の統治体系〟は、憲法上の〝国の統治体系〟を模してつくられているわけです。

立憲民主主義を採用する国では、権力が3つ（立法・行政・司法）に分けられています。国会・内閣・裁判所に分かれて、それぞれの権力の抑制と均衡を果たしているのです。

そして、主権者である国民は、憲法の保障の下、国の施策を自由な言論で批評することができます（表現の自由）。

資本主義社会には問題点もありますが、会社法もこの三権分立の仕組みを採用しています。会社法上の統治機構も、株主総会・取締役会・監査役（会）という3つ（議決機関・執行機関・監査機関）に分けられて、チェック機能を果たす役割が期待されているのです。

そして、株主などのステークスホルダーはもちろん、会社は〝社会の公器〟ですから、この国に生きる人々がチェックをする役割を果たしているわけです。

（5）民間企業との比較における「責任を取らない無責任体質」

私が企業経営者方にアドバイスをさせていただいていることの一つに「企業を設立した後は、半分は自分の手を離れたぐらいの意識を持たれた方がいいですよ」ということがあります。

オーナー経営者であると、どうしても自分の企業だという意識が強くなりがちですが、それだけではなく「企業は社会のものでもある」という意識が必要なのだと思います。

いわば〝社会の公器〟であり、雇用を守り、社会の発展に役立つ存在として、社会のルールに従った運用をしていかなければならないわけです。法人税が、一般の税金と比べて安かったりするのは、それが〝社会の公器〟としての役割を果たすことを期待されているから、という解釈も可能です。

さて、企業がコンプライアンス違反をしていたり、ハラスメントや汚職などの「事件」を発生させた場合、当然、法的責任（民法上の責任、労働法上の責任、会社法上の責任）を負います。

さらに、社会的責任を負います。社会的な制裁を受けるわけです。

放漫経営だと経営責任を問われますので、ダメな経営者は退陣するのが通常です。

さらには、以前話題になったビッグモーターのようなパワハラ体質、中居正広さん（元ＳＭＡＰ）の事件の共同責任が問われたフジテレビのような隠蔽体質など、コンプライアンス違反に対しては厳しい目が向けられます。

企業はさまざまな関係のなかで存在し、そこで働いている人たちやステークホルダーの人権を侵害していたら、社会的な制裁を受けて倒産にまで追い込まれることすらあります。

この国に生きる人たちの支持を得ないと、株主が怒ったり、スポンサーが撤退したりして、法的責任、経営責任、社会的責任が問われるのです。

資本主義企業に比べてさえ、共産党の人権侵害に対する意識の低さ、お気楽体質、無責任体質は際立っているように映ります。

共産主義や全体主義の国ではプロレタリア独裁（共産党一党独裁）が行われているようですが、日本共産党を見る限り、三権分立を模した資本主義企業に比べてさえ、コンプライアンス意識が劣っているわけです。

代表自らがパワハラを行い、自分たちで勝手にこれはパワハラではないと〝決議〟しているわけですから。

これでは、「リアル北朝鮮」と呼ばれても仕方がないと思うのは私だけでしょうか。

第４章コラム　ハラスメント団体にありがちな無責任体質

（１）本質的には何も変わらない人権抑圧体質

組織というものは、トップが変われば何かが変わると期待されるものです。

しかし、共産党の場合はどうだったでしょうか。

松竹さんのような主張すら「反動勢力と結託した」と糾弾し除名するようなやり方、さらには23年も委員長を務めて何ら責任を取らない志位さんが、党内からも〝独裁〟と批判を浴びるなか、ようやくの〝交代劇〟であったはずです。

そんななかで、委員長を23年も務めた志位さんが議長に〝昇格〟し、新たに田村さんが委員長に就任したわけです。

ところが、田村さんは、自らが傀儡で共産党には委員長にさえ色つまり「個」がないことを示すがごとく、公開パワハラに及びました。

除名は対話の拒否だと県の代表として意見を述べた県会議員を吊るし上げる恐怖政治。しかもそれがパワハラだと党内から指摘されても、「パワハラではない」と開き直る体質。

表面上はともかく、本質的には何も変わっていないことを知らせるには十分でした。

今から思えば、田村委員長デビューのお披露目となった党大会結語でのパワハラ発言は、（表面上ともかく）〝共産党は何も変わりません宣言〟だったのかもしれません。

党外へのイメージ刷新のもくろみが外れたばかりか、多くの人びとから悲鳴にも似た落胆の声が上がった田村委員長の凄惨な「パワハラデビュー」でした。

(2) 究極の無責任体質

この「パワハラデビュー」以来、明らかになっているのが、究極の無責任体質ともいうべき実態です。

次章でお話しさせていただきますが、そもそも大山さんの発言にも出てきた「松竹さんを除名した理由」もほとんど支離滅裂なものである以上、筆もたち人気もある松竹さんへの嫉妬心からと思わざるをえない状況です。

党大会では松竹さんの再審査請求をわずか20人ほどの幹部だけで却下して、良心的な意見に対して姿勢が問題だと一方的に糾弾して吊るし上げました。

徹底弾圧の根底には、自分たち「赤い貴族」の地位が危うくなっていることに対する保身があったのかもしれません。

田村さんは一連のパワハラを引き継ぐようですが、パワハラ執行部は無責任執行部でもあるようです。政治上の失態も、責任はすべて見えない「敵」のせいにするか、責任を下位の者（末端構成員）に押しつけることを延々と繰り返します。

田村さんは国政上の党の代表であるが、志位さんも党務上の党の代表であるとか、極めて分かりにくい事実上の共同代表制に加えて、「集団指導体制」を名目に、選挙で負けようがハラスメントや労働事件を引き起こそうが、誰も責任を取ろうとしないのですから。

自民党に対しては「説明責任を果たせ」と鋭く追及する共産党ですが、自分たちは説明責任を果たそうとはしません。

志位さんは記者に〝逆ギレ〟し、田村さんは都合の悪い質問には〝ノーコメント〟を繰り返します。民主主義のこの国で、記者の背後に国民がいるのを忘れておられるのでしょうか。

志位さんは、とりあえず党委員長は田村さんと交代して、様々な批判の矢面から逃れたかっただけなのかも知れません。

（3）残念ながら人権擁護やハラスメント根絶を掲げている政党で起こっていること

優越的な地位を利用して、組織的にハラスメントが行われている。

優越的な地位を利用して、異論を持つ人を抑圧して吊し上げ、組織的に人権侵害が行われている。

これが残念ながら、今現在も、ハラスメント根絶を掲げ、人権と民主主義を掲げているはずの政党で起こっていることです。

組織的のトップがこのようなパワハラに加担している以上は、個人の属性の問題というよりも、組織的な体質がこのようなハラスメントを生んでいるのだと考えられます。

そして、ハラスメントが起こっても誰も責任を取らないで、逆に居直ってセカンドハラスメントを行う体質をつくっているのだと思います。

共産党は、法律の制定にも関与しうる立場です。また、資本主義の矛盾を乗り越える提案をしていかなければならない立場の政党のはずです。

ですから、「せめて民間企業に遅れを取らない」ようにしてほしいと思います。現状では、周回遅れです。

また、「党は人民の最良の部分」とのことであれば、なおさら、「社会に対してお手本を見せるべき」だと思います。

組織のあり方として、自由と民主主義の花開く社会を作り出すと宣言している組織が、組織員や周辺の人たちに圧政を敷いていいのでしょうか？

「排除より包摂を」と主張した議員がパワハラを受ける組織に、未来はあるのでしょうか？

日本共産党が変わらなければならないのは、党首の顔ぶれではなく、組織そのものの体質ではないかと思います。内部統制を強化し、異論を排除せずに包摂する仕組みをつくらなければ、やがては国民からの信頼も完全に失われるでしょう。組織内部の人間関係のあり方も、有権者に見られていることを認識すべきです。

そうであれば、組織内部の人間関係のあり方は、この政党が政権に加わったらこんなに土壌豊かな社会になるのだ、ということを予感させるものでなければならないはずです。

今のままでは、逆に灰色の社会がやってくると予感させてしまうのではないでしょうか。

(4) みなさまへのメッセージ

読者のみなさまには、学生の方、民間企業にお勤めの方、サークル活動をされておられる方、様々な方がおられると思います。

「共産党みたいなところで行われたことでしょ」と思われる方が多いかも知れません。たしかに、この国の有権者がこのような一連のハラスメントを許さない限り、この政党は衰退し、いずれ滅びるのかもしれません。でも、だからといって、これまで行われてきた人権侵害が遡って救済されるわけでもありません。

それに、このような人権侵害は、どこででも起こり得ることだとは思いませんか？

どうか、みなさんは、このようなマネをせずに、反面教師としてくださるようお願いいたします。

また、この政党を支持してきた方はもちろん、新自由主義的な政策を掲げる人たちへの対抗組織を失うことを憂慮される方もおられるのではないでしょうか。

ですから、そのような方々、人権と民主主義について関心のある方々、心ある方々が、しっかりした批判をして横暴と闘い、この組織を変えていってくださることを願ってやみません。ハラスメントや人権侵害のない社会をつくるためにも、ルールを制定する側がルールを守っていないような横暴が許されてはならないのです。

【引用・参照文献】

『日本共産党の改革を求めて』（あけび書房）
＜大山さん自身がパワハラであることを訴えて中央に意見書を出して田村さんによるパワハラの第三者委員会の開催を要求したことについて＞
産経新聞、京都新聞２０２４年６月８日配信記事
https://www.sankei.com/article/20240608-PPWOW7ERZ5L6TO2VDUGPX6YXH4/
https://news.yahoo.co.jp/articles/3da526b7fdac75073f89550c7576b93093d1b0d3

第5章　党首公選制の提案者に対するパワハラ事件
～言論・出版の自由と松竹さんらに対する除名事件～

序　ジャーナリストは、なぜ、それでも共産党のハラスメントに立ち向かうのか

（1）嵐の前触れ――党首公選制の提案

かつて、日本共産党の中心にいた松竹伸幸さんは、著書で新提案をした。彼の主張はシンプルかつ近代政党としては当たり前の主張だった。

「党首は、党員の投票で決めるべきだ！」

国民が政治に直接関わる時代、党内民主主義も一歩前に進めるべきだと、松竹さんは考えた。

ところが、松竹さんの提案は、党の幹部たちにとって〝恐るべき脅威〟となったようだ。特に、長年権力の座にあった志位和夫委員長らにとって、それは自らの地位を揺るがす大問題だった。

（2）暗黒の圧力――パワハラの始まり

党は、まず、松竹さんを組織的に排除する、というパワハラを行った。

次に、松竹さんの声が広まることを恐れたためであろうか、「松竹は反党分子である！」「党の規律を乱す危険な人物だ！」

党の機関紙『しんぶん赤旗』では、彼に対する執拗な批判記事が次々と掲載された。まるで〝みせしめ〟のようだった。これは、単なる批判ではなく、明確なパワハラだった。

1　優越的地位を利用して攻撃すること

2　必要以上の精神的な圧力をかけること

3　被害者に深刻なダメージを与えること

日本共産党が松竹さんに対して行った行為は、厚生労働省の定める「パワーハラスメント防止法」に関するパワハラの典型例にすべてに該当していた。

党は、松竹さんを〝敵〟とみなすよう指示。支持者は彼との関係を絶たざるを得なくなった。松竹さんは、一夜にして〝悪者〟に仕立て上げられたのだ。

（3）裁かれるべきは誰か――法の力で戦う

松竹さんは、ただ屈する男ではなかった。彼は法律の専門家と手を組み、日本共産党を相手取った裁判を起こしたのだ。

「政党が法律を無視して、人権侵害をしていいのか?」

この裁判は、出版の自由や組織からの排除だけでなく、パワハラと人権侵害についても問うものであった。

日本共産党は、「結社の自由」を理由に、裁判の争点を回避しようとした。

「政党は独立した組織であり、内部のことに国家が干渉すべきではない」

だが、法律の専門家たちはこの主張に反論する。

「集会・結社・言論・出版その他表現の自由が並列的に憲法21条で保障されている。結社の自由があるからといって、出版の自由への侵害や個人へのハラスメントが許されるわけではない!」

かつてオウム真理教では、「信教の自由」や「宗教的結社の自由」を盾にして、教団内で重大な人権侵害が行われた。それと同じように、「政治的結社の自由」を盾に、人権を踏みにじることを許してはならないはずである。

(4)希望の灯火——日本の民主主義とハラスメントのない社会のために

組織が「結社の自由」を盾にして、個人に対してハラスメントや人権侵害をすることが許されるか。

松竹さんの闘いは、日本における組織（企業だけでなく政党やサークルを含む）と個人の関係のあり方を問うものだった。

「企業だけでなく、政党においても、サークルにおいても、ハラスメントや人権侵害をすることが許されてはならない」

多くの人々の心に響く言葉ではないだろうか。松竹さんの裁判は、多くの法律家や市民の関心を集めている。

松竹さんは勇気をもって「新提案」をしたが、それは組織側の苛烈な弾圧とパワハラを呼んだ。信じられないこのパワハラと人権侵害は、（パワハラと人権侵害を許さないことを社会に呼びかける模範となるべき立場にあるはずの）政党によって行われたものである。このようなことを是としないために、彼は強大な組織に立ち向かうことを決意した。

そして、その闘いは今も続いている。

ハラスメントのない社会をつくり、日本の民主主義に新たな光を灯すために。

この章では、一連の共産党による連続ハラスメント事件の起点となった、松竹さんの出版の自由を巡るパワハラ事件の経緯と闘いの軌跡を追っていきます——。

1　松竹伸幸さん・鈴木元さんに対する除名事件

（1）事件の概要

さて、前章では田村智子さんによる「党大会パワハラ事件」についてお話をしてきました。

しかし、そもそも「党大会パワハラ事件」で問題とされた松竹さんはどのような主張をされていたのでしょうか。

まずは、松竹さんが出版をされた著書『シン・日本共産党宣言』の内容を紹介させてください。

「シン・日本共産党宣言」　ヒラ党員が党首公選を求め立候補する理由
松竹伸幸　著　文藝春秋

共産党は「怖い」のか⁉

「日本共産党が党首公選を実施すれば日本の政治がマシになる」

日本の主要政党で党首公選が行われていないのは、共産党と公明党のみである。

約半世紀にわたり、共産党員として活動し、政策委員会で安保外交部長を務めたこともある著者が、なぜ、党員による投票が可能な党首公選制を訴え、自ら立候補を宣言するのか？

そして、持論である安保・防衛政策についての転換を公約に掲げる理由とは。

【目次】(略)
第一章　なぜ党員投票による党首選挙を求めるのか
第二章　私には立候補する資格がある

第三章　野党共闘を魅力化する安保・防衛政策へ
第四章　国民との接点を広げるための三つの問題
最終章　共産党の安保・自衛隊・憲法論を深掘りする

２０２３年1月、元党員の松竹伸幸さんが党首公選制（党首を直接選挙で民主的に選ぶ制度）の導入など党運営の透明化を訴える書籍を出しました（同時期に鈴木元さんも出版され、話題を呼びました）。

これに対して、共産党は「重大な規律違反」として２０２３年2月に松竹さんを除名処分としました。

さらに、共産党は２０２３年3月には鈴木元さんを除名処分としました。鈴木さんは京都の共産党を大きくして、穀田恵二さんなどを国会議員に当選させてきた立役者です。鈴木さんも党首公選を主張しており、出版の時期を相談したことが「分派」と認定されたのです。

この章ではベテラン党員だった松竹さん（党員歴50年）と鈴木さん（党員歴60年）に対する除名事件について、少しだけお話をさせていただきます。

（2）志位さんが説明を拒否してキレる

そもそも、規約のどこにも党首公選制を禁止することなどは書かれていません。

また、（分派禁止の名目で少数派が多数派になるプロセスを抑圧するのは民主主義の観点から問題があると思いますが、その点を差し措いても）出版時期の相談を「分派」とするのは日本語的な理解にすら反しています。

このような、突っ込みどころ満載の連続除名事件に対して、志位さんはまともな説明を拒否して逆ギレをしました。松竹伸幸さん・鈴木元さんの除名に関して、志位さんが朝日新聞に対して「朝日にいわれる筋合いはない！」とキレたのです。

年甲斐もなく、〝激オコぷんぷん丸〟（こういう言い方をすればおちゃめですが、彼がしていることは紛れもない陰湿な人権侵害です）になってしまったのです。

しかし、党首公選制などは共産党と公明党以外のすべての政党が採用している原理で、みんなの代表みんなで選ぶという民主主義社会における当たり前の方式に過ぎないのです。

このようにごくごく普通のことを主張しただけで排除されたのはなぜでしょうか。

私は両者の主張や裁判資料を読んで比較検討を行い、背景事情を探ってみました。

ここでは、志位さんを〝激オコ〟させた2つのポイントについてお話します。

2　志位さんを激オコさせた2つのポイント‼

(1)　権力維持（党首公選制）

①【規約改正の主張には問題はなかった】

1つ目は、ズバリ、権力維持の観点から都合が悪かったことです。

この点、松竹さんらが規約に反したというのが党側の主張ですが、規約の改正を主張することには何も問題ありません。

入学した後で学校の校則のおかしさに気付いた場合、校則の変更を主張して改定手続きをとればいいわけです。

入社した会社の就業規則に時代遅れの点があれば、規則を改正すればいいのです。それと同じことなのです。

にもかかわらず、党側の理屈では、規約の改定を主張すること自体が許されないということになってしまいかねません。

現にこの党の規約も時代によって変遷し改定されてきたことからすれば、このような主張が成り立たないのは明らかです。

そうすると、やはり、規約の改定の提案が問題ではなく、提案の内容（党首公選制の導入）がまさに権力維持の観点から一部の幹部にとって都合が悪かったのだと考えられます。

②【規約改正の主張の中身（党首公選制）に激オコ】

このように党首公選制を唱えたこと自体が志位さんらの逆鱗に触れたのだと考えられます。党首公選制もそれ自体が綱領・規約に反するという根拠はないのにもかかわらず、です。

この点は、鈴木元さんが指摘したように志位さんが委員長になって以来の党勢衰退は明らかなわけですから、まず「聞く耳」を持って党内論議をやるべきでした。しかし異論は排除され、提案者は〝粛清〟されたというわけです。

鈴木元さんの論考を引用しますと「結局のところ志位指導部は党首公選制の導入によって自分たちの地位が脅かされる危険があることは絶対に認められないということを示し」たということになります。

それまで共産党は「前指導部」が自分も含めた「次期指導部」を推薦して一部のメンバー（ほとんどが党から給料をもらっている職員）が信任するという儀式だけを行って、それを「選挙」と称してきたわけです。

いわば、「自分」（前指導部）が「自分」（次期指導部）を選ぶわけですから、ほとんど終身制のように幹部で居続けることが可能です。

にもかかわらず、党首公選制などが実現されてしまったら、志位さんら「指導部」の方たちはふんぞり返って「赤い貴族」生活を楽しむことができなくなってしまいます。

民間企業や労働組合であっても、トップの交代は社会的影響力を持つことがあるので、そのプロセスが注目されることがあります。

ましてや政党は権力獲得を目的とする政治的影響力を持つ団体です。だからこそ、その選出が不透明だと主権者である国民は不信感を持つのです。

③【なぜ、民主的変革を求める新提案を包摂し組織変革の力にできなかったのか】

つくづく残念なのは、「これまでのやり方に異論反論がある人物を包摂し組織変革の力にできなかったのか?」という点です。

これまでも「異論が認められない政党」「政策論争もない政党」「民主主義社会ではありえない独裁コップのなかのたらい回しをしている政党」と見られがちでした。

こと志位さんに関しては、当時でさえ、書記局長就任34年、委員長就任24年、(議長就任さらに続く)……という状況でした。

それに対して、異論を可視化すべきであり、そのためにも党首公選制を導入すべきだという声があがったのですから、むしろ開かれた政党であることをアピールするチャンスでもあったはずです。

にもかかわらず、異論を封殺し、提案者を〝粛清〟したわけです。(共産党は自らを「異論を認める政党」だと称しているようですが、「異論は認めるが排除する」というのでは、異論を認めたことにはなりません)。

一般的に、権力者は「自分の地位や権力」に終生恋々としがみつこうとします。心理的に脈動しているのは「自分たちの地位が脅かされる危険」に対する「恐怖心」だけです。

他の例にもれず、猜疑心や誇大妄想が強いのでしょう。

しかし、歴代総理のなかでも不人気であった岸田首相でさえ、閣僚に謝意をのべ〝総裁選への立候補 気兼ねなく堂々と〟と発言しています(2024年8月15日、NHKニュース https://www3.nhk.or.jp/news/html/20240815/k10014549701000.html)。

これではとても自民党を批判することは出来ません。志位さんから田村さんへの委員長交代こそ自らの影響力を誇示した上での見事な「たらい回し」なのですから。

結局、党首公選制の導入による民主的改革よりも、自らの「保身欲」が上回ってしまったと考えられます。

（2）安保政策

2つ目は、松竹さんの著作に書かれている「安保政策の違い」を根拠にしているようです。しかし、もともと松竹さんはこのような安保政策を提唱していました。もっといえば、もともとこのような安保政策（自衛隊活用論）自体は志位さんが主張したものなのです。

志位さん自身が、野党連合政権では当然自衛隊は合憲である旨の発言をしています。「安保問題」について「政権として留保」する立場から、自衛隊についても「政権として容認」し「合憲として扱う」と、より具体的に踏み込んだわけです。

この理論が分かりにくいのは、共産党は、自衛隊・安保条約容認（一部の安保法制廃止）で政権に入るが、共産党としては、自衛隊違憲、安保条約廃棄はつらぬく、という使い分けのスタイルです。

松竹さんの安保自衛隊の提言も志位さんの野党共闘での主張から触発されたもので、志位さんの主張する「共産党が政権に入ったときの自衛隊への態度」について、その主張をさらに発展させる立場から論を展開しています。それをもって規約違反だとされたのです

3　共産党によるメチャメチャな憲法解釈

(1)　恣意的な憲法解釈

この事件では共産党の異論を許さない体質が図らずも表出しました。松竹さん、鈴木さんが、50年、60年もの間、組織に貢献してきた方であったこともあり、この除名は、世論から厳しい批判を受け、党内からも異論が続出しました（その後の選挙での大敗もこの事件と無関係ではないと考えられます）。

それに対して、志位さんは、共産党においては、路線上の誤り以外に責任を取る必要はない、といってのけました。

さらに、松竹さんや鈴木さんの除名に関する朝日新聞の質問に対してさえ「朝日にいわれる筋合いはない！」とまでキレました。

志位さんは、新聞記者に「結社の自由だ」と叫び、「反共攻撃」だと丁寧な説明すら拒否したわけです。

しかし、報道機関はこの国の主権者の「知る権利」に奉仕する側面を有しています。だからこそ、憲法21条で規定されているのです。

この政党の幹部の方々は、報道機関の後ろには国民がいるということを、理解しておられないのでしょうか。

（2）言論・出版の自由VS結社の自由

①【個人の尊重】

憲法で最上位に位置する概念（憲法のなかで一番偉い条文）は「個人の尊重」（憲法13条）です。

そもそも、組織とは、個人が協同するための手段にすぎません。

人権の上に組織が、人間の上に組織が、おかれるようなことはあってはなりません。

共産党には、自らの人権侵害行為を指摘されても「結社の自由だ」と居直り、あたかも「結社の自由」が認められるから何をやってもいいかのような言動が目立ちます。

しかし、「結社の自由」があれば、たとえばカルト団体は何をやってもいいのでしょうか？

構成員の人権は保障されないのでしょうか？

憲法や国の法律に反することを組織内部で何でもやっていいのでしょうか？

そんなわけがありません。

②【公共の福祉】

そもそも「個人の尊重」を守るために、憲法は第三章で「人権カタログ」を規定し、基本的人権の尊重という目的達成のための手段として国会・内閣・裁判所の三権分立を統治体系として定めています。

ですから、すべて「個人の尊重」の観点から、個人の人権を守る観点から考えなければなりません。

もちろん、人権と人権がぶつかりあうこともあります。そこで、憲法は人権相互の調整原理として「公共の福祉」を定めています。

「公共の福祉」とは、人権と人権が衝突した場合の矛盾抑制原理、調整のための原理であると覚えてください（内在的制約説・通説）。

③【言論・出版の自由】

憲法も「集会、結社及び言論、出版その他一切の表現の自由は、これを保障する」（憲法21条）と規定しています。

「結社の自由」「言論の自由」「出版の自由」「表現の自由」は並列です。

憲法は国家との関係だけでなく、私人間においても間接適用されます（間接適用説・判例）。

出版時期の打ち合せをしただけの個人を処分するなどということは、「言論の自由」「出版の自由」「表現の自由」との間でおおいに問題があります。

「結社の自由」がすべてに優先するのであれば、「結社」は無敵の人権侵害団体になってしまいます。

「結社の自由」は人権相互間の関係において考慮されることはあっても、すべてに優先されるわけではないのです。ましてや、「結社の自由」を根拠に個人の基本的人権が抑圧されることがあってはなりません。

人権よりも憲法よりも、共産党が定めたルールの方が上なのでしょうか。

そのような治外法権が認められないことは明らかです。

4　オウム真理教の人権侵害が防げなかったのはなぜか、そして、共産党による人権侵害は防げないのか

(1)「信教の自由」と「結社の自由」

それではなぜ、共産党は「結社の自由」を根拠に治外法権であるかのように振る舞っているのでしょうか。

昔、オウム真理教事件というものがありました。麻原彰晃さんが教団内部で信者に対して精神的・肉体的虐殺を加えるなど、とんでもない人権侵害を繰り広げていたのですが、「信教の自由」が憲法上保障されていることなどの理由から警察の捜査や司法の介入が遅れたのです。

同じように「結社の自由」を根拠に、組織内部での人権侵害が見過ごされたり、人権侵害に対して法の光が当たらないようなことがあってはならないはずです。

しかし、日本国憲法は戦前の反省に基づいて制定されました。

そこで、戦後しばらくの間は、公権力が結社の内部問題に介入することは、（戦前戦中の公権力に

よる結社への介入への反省から）日本国憲法に定められた「結社の自由」に抵触するとして、司法判断は避けられてきました。これを「部分社会の法理」といいます。

私は労働法の専門家ですが、法学部時代には学内法律討論会で3連覇をして全日本学生法律討論会でも優勝しています（全国大会を制したときの科目は憲法でした）。

ですから、少しだけ説明させてくださいね。

「部分社会の法理」（部分社会論）は、組織内部の問題については裁判所が介入するよりも、組織の自律的解釈に委ねたほうが望ましいという考え方です。

政党についての判例である共産党袴田事件（昭和63年12月20日最高裁判決）では、「政党の自律的に定めた規範に照らして」（規範がなければ条理に基づき）「適正な手続き」にのっとってなされたか否かの点の審理に限られる、としています。

もちろん、その団体からはじき出されて、「一般市民法秩序」にかかわるトラブルに発展した場合は、司法は審査する（裁判所が審査して助けに来る）ことになります（この法理からも、人権侵害・名誉毀損のような「一般市民法秩序」にかかわるトラブルには審査が及びますし、「適正な手続き」によったかどうかについては審査が及ぶことになる点は覚えておいてください）。

では、この法理は、今日でも、どの程度、妥当するのでしょうか。そして、政党に対して「部分社会の法理」を用いることは妥当なのでしょうか。

（2）「部分社会の法理」

①【政党と部分社会論】

たしかに、従前の判例には、戦前に国家権力が自主的団体に対して不当な干渉をしてきたことへの反省のもとに形成された「部分社会論」を前提にしたものが見られます。

しかしながら、戦後も80年以上が経過しました。日本国憲法の施行後は、立憲主義・法治国家が確立されており、（裁判所を含めた）国家権力が正当な理由なく自主的団体に対して解散を命じたり不当な干渉をすることによる脅威はかつてほどではありません。

他方で、人権侵害に対する脅威という点では、人権侵害を行うのは国家のみならず、巨大企業や団体が個人に対して人権侵害を行うことが枚挙にいとまがありません。

むしろ「結社の自由」を過度に強調してこれに司法審査を及ぼさないことによって、人権侵害を放置することこそが、「個人の自由」や「基本的人権」を不当に侵害する危険性をもはらんでいるのです。

②【部分社会論に否定的な立場から】

政党は、政権を取れば政府与党になって権力を掌握します。野党であっても国や自治体の政策に反映されることもある。つまり、公的団体に準じる存在です。だとすれば、そこでの議論の過程はある程度オープンであることが望ましく、「知る権利」も資するはずです。

そして、硬直的な党内ルールを定めていてそれを恣意的に運用がされた場合においてでさえ、司法審査が謙抑的であれば、組織内の批判的な言論封殺に利用されるばかりか、とんでもない人権侵害に対してすら、国は放置するということになりかねません。

これは「表現の自由」（憲法21条）や「基本的人権の尊重」（憲法第3章）にもかかわる問題です。だからこそ、「部分社会論」は最近変更されています。

袴田事件判決は戦前からの特殊事情と相まって団体の自主性を過度に強調しているのですが、政党以外のほかの判例では「部分社会論」を否定したものも現れており（たとえば地方議会の判例など）、公の性質を持つ政党についても判例変更されなければいけないという声が、リベラルな法曹関係者のなかでさえ、大きくなってきています。

今日ではこの法理自体の妥当性が疑わしいともいえます。

③【部分社会論に肯定的な立場から】

もちろん、現代においても、立法が「政党法」を制定して特定の少数政党に対する事実上の排除を行う危険性や、司法が政党の純粋な内部問題に過度に介入することによって同様の危険がないとまでは言い切れません。

しかし、裁判所が政党を一切審査しないのは、「裁判を受ける権利」（憲法32条）の否定にもつながります。

政党だからこそ人権と民主主義を守ることが求められています。それなのに、政党が構成員の人権を踏みにじり、さらには（共産党の民主集中制が民主的といえるかの議論は差し措いたとしても）自らが定めた手続にすら反するやり方で民主主義を冒涜することは許されないはずです。

もっといえば、オウム真理教は、「信教の自由」を掲げる組織の〝うさんくささ〟を広げてしまい、司法の介入の遅れに関する国民の非難を招きました。

共産党も「結社の自由」の重要性を説くのであれば、ほかの個人やほかの組織の「言論の自由」「出版の自由」「表現の自由」をも尊重し、人権の尊重を図らなければならないはずなのです。

憲法が「公共の福祉」を定めているのは、人権相互の調整原理としてなのであり、他の個人や他の組織の権利を侵害することを決して正当化するものではないのです。

④【これでは「護憲政党」を名乗る資格を自ら失っているのではないか】

公の政党が、出版時期を相談しただけのジャーナリストを〝分派〟とみなして排除するという「言論の自由」「出版の自由」「表現の自由」（以上、憲法21条）や「職業活動の自由」（憲法22条）にもかかわる人権侵害を引き起こす。

組織の幹部である志位さんが、このような人権問題に対するマスコミの質問や追及に対し、「結社の自由だ」と叫んで、丁寧な説明を拒否する。

（説得力のある説明ができないばかりか）同意しないものは「結社の自由」を弾圧する反動勢力だ、反動勢力と結託した、と根拠不明の〝陰謀論〟を持ち出して開き直る。

人権問題を組織内の問題へと矮小化するばかりか、組織を挙げて一個人に対するハラスメントを機関紙上で続ける。

これらは、おおいに問題がある行為です。

これら一連の行為は、「結社の自由」を掲げる組織の〝うさんくささ〟を広げる行為であり、司法の介入の遅れに関する国民の非難を招く行為です。このような行為を自らしていることを自覚されていないのでしょうか。

「部分社会論」を盾に取って、むちゃくちゃ乱暴な主張をする集団、ここまで凄い屁理屈を持ち出す集団、えげつない人権侵害をする集団というのは、共産党以外に聞いたことがありません。

結局、共産党は憲法を守ることを掲げておきながら、それは自分たちにとって都合の良い場合に限定した、いわば「方便」であって、他の個人や組織の人権は守ろうとはしないのです。

人権を守らないどころか、自分たちに都合が悪ければ「敵扱い」したり、自分たちに対する「攻撃扱い」したり、内部で起こった人権侵害を隠蔽したり、ひどいときには人権侵害に加担しています。

人権相互の調整原理である「公共の福祉」すら理解しようとせず、憲法よりも共産党が上位に立つという独自の解釈（こんなことが認められるはずがありませんが）を内外にアピールしているだけなのです。他の個人や組織の人権をないがしろにする一方で「護憲政党」を名乗っているのであれば、それは単なる欺瞞でしかありません。

これでは「護憲政党」を名乗る資格を自ら失っているのではないでしょうか。

5　松竹さんに対する組織的なパワハラ

（1）一連の行為の一つひとつが「パワハラ」の要件に該当する

松竹さんらに対する除名は、単なる排除に止まらず、組織的で執拗なパワーハラスメントが加えられた点でも特徴的でした。

ここでは労働法やハラスメントの専門家としての観点から、厚生労働省が定める基準に準じて、松竹さんが受けた行為がパワハラに該当するかについて検討していきます。

①優越的地位を背景としていること

松竹さんはジャーナリストとはいえ、党中央と「ヒラ党員」（元党員）の関係だったわけです。排除行為自体がこのような優位性を背景に一方的になされています。

しかも、その後の松竹さんに対する人格攻撃ともいえる批判は、80万ほどの発行部数を誇る「しんぶん赤旗」を使って、党中央や幹部の人たちによって、一方的に加えられるものでした。完全に「優越的な関係」に基づいて行われたといえます。

②必要かつ相当な範囲を超えたものであること

前提として、（党首公選制など近代政党では当たり前のものであるにもかかわらず）議論そのものを封じる目的に合理性があるかが疑わしいだけでなく、目的達成のために「除名」という組織的な排除という手段を用いたこと自体が、必要かつ相当な範囲であったとは考えられません。より制限的でないほかの選びうる手段があったはずだからです。

さらに、一連の松竹さんに対する人格攻撃ともいえる批判も、そもそも必要性があったかどうか自体が疑わしいといえます。人格攻撃はパワハラであり、相当性を逸脱していることは明らかです。

仮に、百歩譲って、共産党の特異性に配慮して、事前に支持者の理解を得るために松竹さんの除名を正当化する目的があったのだとしても、除名を決定した時点でその目的は失われます。

除名の正当化が目的だとすると、除名後は松竹さんに対して執拗な批判を続ける必要性はゼロです。にもかかわらず、その後も組織を挙げて松竹さんに対して連日「赤旗」で批判が行われたことは完全に不要な行為であり、まさに適正な範囲を超えて行われたというほかありません（人権侵害を続けて心理的ダメージを与えること自体が目的のようにも見えますが、だとすれば違法な目的であり、違法行為そのものです）。

③精神的な苦痛を与え、就業環境が害されるものであること

【全国での〝討議〟】


本件では、共産党幹部の方々が、人格攻撃そのものの批判を「赤旗」でかなりの誌面を割いて展開しました。しかも、その内容が「パンフレット」になって、全国の党組織（共産党の党員数は25万人程度）で討議がなされました。

さらに、候補者が街頭演説でもこの問題に言及して「敵扱い」するなど、異常な光景が繰り広げ

られました（共産党候補者による松竹さんに対する個人攻撃とも取れる演説もＹｏｕＴｕｂｅなどに残されているので、誰が人権侵害に加担したかを確認することが可能です）。

【病気になっても仕方がないようなレベル】

ハラスメントの類型については後述しますが、これは「精神的な攻撃」そのものです。

このような激烈な日々が続くと、神経が疲弊し、精神的な苦しさから不眠や病気になってもおかしくありません。

私は職業上多くのメンタルヘルス（精神疾患）の患者さんと接してきましたが、一般人を基準にした場合、病気になっても仕方がないようなレベルであると断言できます。

【悪魔認定のすさまじさ】

さらに、「人間関係からの切り離し」という点では、松竹さんは、青春時代から社会人時代（党本部勤務〜ジャーナリスト時代）を通じて、50年間もその人生のほとんどを過ごしたコミュニティから排除されたのです。

この点の精神的な苦しさというものは、当事者にしかわからないかも知れません。

が、明らかにいえることは、共産党は「わかったうえで」このようなハラスメントを行ったことです。「見せしめのため」以外の理由が思いつきません。

加えて、「反動勢力と結託」したとか「反革命」とかのレッテルを貼られています。このことの意味は「共産党用語」や「共産党系コミュニティ」についての理解や体感がなければ実感が湧かないかもしれません。

イメージがしやすい説明の仕方をすると、「反動勢力と結託」したというレッテルを貼られることは、「悪魔」扱い、されたということを意味します。

キリスト教系でいう「サタンの手先」扱い、仏教系カルトでいう「仏敵」扱い、というとわかっていただけるでしょうか。


【職業生活への支障】

松竹さんは「かもがわ出版」の編集者です。世間でいうところの左翼系出版社のジャーナリストであり、当然、取材対象（依頼対象）には共産党系の方もおられるでしょう。

そうすると、「悪魔」扱い、をされている人物と面会することを躊躇する方も出てきます。人と会うことが仕事の一部なので、職業生活に支障が出るのは当然といえます。

現実に、松竹さんに会うと党員としての資格も疑われるから、と友人や仲間から距離を置かれ、松竹さんは「迷惑をかけないように党内の友人とはメールもできない状態に置かれた」といいます（松竹伸幸『共産党除名撤回裁判の記録Ⅰ』かもがわ出版　参照）。

まさに、「身体的苦痛」を与えられ、「就業環境（職業生活）を害する」ことをされたといえます。

（2）パワハラであることを強烈に加味する事由

①「頻度・継続性」…組織や新聞を使って長期的に

松竹さんに対する批判は、80万ほどの発行部数を誇る「しんぶん赤旗」を使って、党中央や幹部の人たちによって、長期的に一方的に加えられるものでした。

②「言動の態様」…〝みせしめ〟のための吊し上げ

一連の松竹さんに対する人格攻撃ともいえる批判も、前述のような目的が達成された後も行われていますから、いわば〝みせしめ〟そのものであったかと評価できます。

③「被害者の属性や心身状況」…全国の組織をあげて「敵認定」

さらに、「人間関係からの切り離し」という点では、松竹さんの場合は、一般の場合よりもはるかに過酷です。

松竹さんは、青春時代から社会人時代（党本部勤務〜ジャーナリスト時代）を通じて、50年間もその人生のほとんどを過ごしたコミュニティから排除されたのです。

しかも、単に排除されただけでなく、全国の組織をあげて「敵認定」されたのです。

（3）不当な合理性のない処分はハラスメントそのものの

第Ⅰ部でもお話ししましたが、不当な合理性のない処分は、ハラスメントそのものです。

本件では、実体的要件も手続的要件も満たさないような不当な合理性のない「除名」処分がなされました。さらに、一連の松竹さんに対する人格攻撃ともいえる批判もパワハラそのものであるといえます。

厚労省のハラスメント概念に基づいていえば、第二類型の精神的な攻撃（脅迫・名誉棄損・侮辱・ひどい暴言）、第三類型の人巌関係から切り離し（隔離・仲間外し・無視）に該当する行為です（令和2年厚生労働省告示）。

この組織的なハラスメントについて、具体的に深掘りしていきます。

（4）（根拠不明の陰謀論も含む）人格攻撃

①【パワハラをしてはならないという声をパワハラで封じ込める】

党首公選制を提案しただけで、「除名」というパワハラ・人権侵害をしたことに対して、朝日・毎日・読売・産経の各紙がそろい踏みして、共産党のやり方を社説などで批判しました。

おかしいとの声が内外にひろがりました。

それに対して、共産党側は、松竹さんの主張を自分たちで「ねじ曲げて」紹介し批判するという、やり方をしました。

そもそも、松竹さんは民主集中制を維持しながらでも党首公選制は実現できるという主張でしたが、松竹さんがいってないようなことまでいったと批判して何かとんでもない規約違反のように描き出そうとしたのです。

しかし、それでは内外の批判をかわせないと判断したためか、松竹さんを「反動勢力と結託」した反革命キャンペーンを行ったわけです。前述した〝悪魔認定〟です。

これは、しんぶん赤旗とパンフレットを通じて、事実上、全党員、全読者に松竹さんへの批判を呼びかけたことを意味します。

人権無視の違法行為（人格権侵害、名誉毀損など）だという自覚がないのか、感覚が麻痺してしまっているのか。パワハラをしてはならないという声を、パワハラで封じ込めるという最悪のやり方をしたと評価できます。

②【そもそも「反動勢力と結託」したとは何か】

そもそも「反動勢力と結託」したとは何なのでしょうか。

知り合いの方（党専従職員）に聞いたところ「スターリン主義の伝家の宝刀」「デマ宣伝」という答えが返ってきました。もちろん、こういう方だけでなく、一緒になって「松竹叩き」をする方もおられるようです。

ここではこの主張が「デマ」かどうなのか、一緒に考えていきたいと思います。

両者の主張を丁寧に読みほぐしていくと、松竹さんの安保政策が「反動勢力と結託した」という根拠になっているようです。

しかし、そもそも、松竹さんより先に安保堅持、自衛隊合憲論を述べたのは志位さんのはずです。

しかも、政権に入ったときの政策と普段の政策を変える、というご都合主義の典型ともいえるものだったわけです。ここは2015年以降行われていた「野党共闘」の弱点だったわけです。

この問題を紐解いて前進させようと松竹さんが本を出したわけです。松竹さんは、安保問題の専門家でもあった（当時は党員でもあった）ので、幹部の発言を遵守する立場からその論を補強したにすぎない、ともいえます。

が、それを反共支配勢力に飲み込まれ、射落とされ、屈服して結託した党攻撃だと全面的に犯罪者並みに断罪し、議論を封じたわけです。

この点、松竹さんは「私（松竹さん）を除名にするなら、志位さんも除名にしなければならない」、という旨の主張をされておられます（裁判資料、https://ameblo.jp/matutake-nobuyuki/、参照）。

松竹さんもほとんど同じことを主張したに過ぎないのに、一方にだけ〝悪魔認定〟がされるのは解せない、というわけです。

しかも、志位さんとほぼ同じ主張ですが松竹さんの主張の方が「進化型」に見えます。

それにもかかわらず、松竹さんのような主張すら、反動勢力と結託した反革命だと厳しく糾弾し、とんでもないパワハラ・人格否定を加え、それに異議を唱えた大山さんを多人数で吊るし上げるパワハラ三昧をしています。

田村さんや志位さんらの主張からすると、増税主義者かつ日米安保堅持・自衛隊合憲の立憲民主党など、「反動勢力そのもの」だということになります。自分たちは「反動勢力と結託」して選挙を戦ってきたわけです。

何のことはありません。自分たちがすれば問題なくて、党首公選制を唱えた人が主張すれば〝悪魔認定〟して排除するというわけです。

結局、理屈も何もなくて、自分たちの気に入らない者を排除しているだけではないでしょうか。背景事情としては、今まで日米安保破棄、自衛隊解散で活動してきた古参党員にとっては、志位さんの提案すら受け入れがたいと感じる方がおられたことが挙げられます。志位さんの発言が、共産党がそのような政策に転換することは受け入れ難いと考えるベテランにとっては、不人気だったわけです。

それを逆手にとって、批判をかわすために、松竹さんを〝生け贄〟に差し出したようにすら思えます。安保自衛隊問題で妥協的だと松竹さんを排除し、擁護する者や抗議する者を除籍、パワハラです。

根拠不明の陰謀論にいたっては卑怯すぎて、自分たちに正当な理屈がないことを自分で認めてしまっているようにすら思えます。

(5) 切り離し、排除

さらには、除名及びその後の人格攻撃によって、人間関係からの切り離しをしていることも問題です。

これは、共産党のルールである「民主集中制」という掟を形式的に遵守すると、組織によって排除されたものを阻害する（村八分にする）ことに実質的につながる構造になっていると考えられます。

共産党を取材していて感じるのは、一般社会と比べて、前近代的な人権感覚だということです。これに加えて、一連のパワハラ問題の根っこにあるのは、共産党が「日本国憲法や法律よりも、共産党の規約を上位に持ってきていること」ではないか、と思えます。

ハラスメントは、現在の法律や社会的倫理、道徳と密接な関係性にあるものですそれなのに、現在の法律や倫理を無視して、閉鎖的な組織内部における規範を優先させてしまうとどうなるか。ハラスメントが横行するのは当然で、しかも〝外部漏らし〟が利敵行為であるかのような圧力のある組織では、組織内での力関係がそのまま反映されてしまい、問題解決が図られないということになってしまいます。

事実上の任命と信任投票を「選挙」と称するシステムの下、組織内で交代可能性が乏しいことが、「交代可能性への共感」（自分がその立場に変わるかも知れないことに対する他者への共感）を阻害しています。指導部は指導する立場として、偉そばっているのです。これが人権侵害に対する歯止めが利かない状態を生みだしているように思われます。

改善策には、組織の規範を見直し、民主的改革を進めることなのですが、党首公選を唱えた人に除名・パワハラを行い、見直しを提案した人に除籍・パワハラを行うのですから、自浄作用がなく、解決には程遠いといわざるを得ません。

6　そして、共産党除名撤回裁判へ（松竹さんに対するパワハラなどに法の裁きを）

松竹さんは共産党を相手に裁判をすることになりました。ここではこの裁判の争点（見どころ）を簡単に説明しておきます。

（1）民主主義に反するような規約や運営が許されるか

松竹さんは、規約改正をして党首公選制を導入すべきだという見解の本を出版しました。これをもって共産党が除名の理由にしたのですが、裏を返せば組織の構成員全体に知らせるためには出版以外に途がないような規約であったわけです。

にもかかわらず、最後の手段としてのこのような出版・言論・表現の自由（憲法21条）まで禁止することは民主主義の思想と矛盾し、公序良俗（民法90条）に違反する可能性すらあります。

ただ、党首公選制を唱えただけで、このような仕打ちをするやり方を認めていれば、およそ表現の自由・出版の自由はなくなってしまいかねません。

このような民主主義に反するような規約や運営が許されるか（実体面で団体の自律権・統制権の限界を超えていないか）がこの裁判の一つのポイントです。

（2）自分たちの規約にすら反する手続が許されるか

まず、除名処分の手続自体が、処分者である本人や一般党員の意見が聞かれることなく、処分が決定していてそれを伝えるだけという、およそ「告知・聴聞」の手続きとはいえない杜撰なものでした。

さらに、松竹さんが党大会での再審査を求めたにもかかわらず、党大会では代議員には松竹さんの再審査請求書さえ配布せず、ごく少数の21名の幹部団だけで却下を「決定」しました。

このように重要な意思決定が、不透明・非公開・不公正の手続のもとで行われており、通常人の理解において規約の通常の理解にすら反しているような、一部の者による恣意的な解釈や運用が許されるか（手続面で団体の自律権・統制権の限界を超えていないか）がこの裁判の一つのポイントです。

（3）部分社会論による判決回避や恣意的な日本語解釈による処分が許されるか

東京土建事件判決では、①裁判所が部分社会の法理からの検討を行わなかったこと、②「分派」という文言の解釈が行われたこと、が特徴的でした。

①について、松竹除名撤回裁判では、川人博弁護士に続いて、伊藤真弁護士も、松竹さんサイドの応援団になられています。お二人とも部分社会論に否定的です。もう、リベラルの法曹界は、川人博さん、伊藤真さんはじめ、部分社会論否定の流れにあります（このあたりは、内田樹・伊藤真ほか『松竹さんを共産党に戻してください』あけび書房、に詳しいです）。

裁判所が部分社会の法理からの検討を行うか、人権救済の最後の砦としての役割をどう果たすかは、この裁判のポイントです。

②について、判決文では「運営及び活動資金の面で継続性を有するとともに、被告の運営につき意見集約を図る集団として構想していたことがうかがわれ」るとされ、会費の徴収、役員会の設置、総会の開催などが予定されていた「東京土建未来の会」でさえ、「被告の内部に別組織を形成

し、被告の分裂を図ったものとは直ちに認め難い」（＝「分派」とは認定できない）とされています。松竹さんと鈴木さんは、出版をめぐる打ち合わせを行っただけで「分派」と認定されて処分されました。このような通常の日本語の理解に反する、恣意的な日本語解釈による処分が許されるかも、この裁判のポイントです。

（4）共産党によるデマや誹謗中傷に名誉毀損・不法行為が成立するか

松竹さんに対する人格攻撃ともいえる批判は、80万ほどの発行部数を誇る「しんぶん赤旗」を使って、党中央や幹部の人たちによってかなりの誌面を割いて展開されました。

さらに、候補者が街頭演説でもこの問題に言及して「敵扱い」するなど、異常な光景が繰り広げられました。

挙句の果てに陰謀論の展開です。

安保自衛隊問題で妥協的だと松竹さんを批判するだけでなく排除し、その後もパワハラを加え、挙げ句の果てに、「支配勢力に屈服した」とか「反動勢力と結託した」反革命だと根拠不明の陰謀論を展開して糾弾する（それに異議を唱えた大山さんを多人数で吊るし上げただけでなく、次章以降のお話しするように神谷さんやプロテストする人たちをも排除してパワハラ三昧をしています）。

しかし、田村さんや志位さんらの主張からすると、（日米安保堅持・自衛隊合憲の）立憲民主党など、「反動勢力そのもの」であり、「反動勢力と結託」して「支配勢力に屈服」して選挙をたたかってきたのではないのでしょうか。

何のことはありません。自分たちの気に入らない人を排除しているだけです。

このような共産党によって展開された根拠不明の陰謀論や誹謗中傷に名誉毀損・不法行為が成立するかも、この裁判の見どころの一つです。

第5章コラム　「法の支配」について　～形式的法治主義との違い～

(1) 日本は形式的法治主義の国ではない!

「規約に反したから仕方がないのではないか」「規約に反する方が悪いのではないか」

このような声を耳にするたび、日本はまだまだ「法の支配」が浸透していないと感じます。

日本は形式的法治主義の国ではありません。立憲民主主義の下、「法の支配」が貫徹されなければならないはずなのです。

憲法の理念に反する「規約」は、本来、存在してはならないはずなのです。

共産党に関しては、全国各地におけるハラスメント被害についての告発が出版されています。セクハラ・パワハラ・異論排除・組織的なイジメによる排除、さらには性加害など、読んでいて悲しいというか涙が出るような内容が克明に描かれています。

組織的な体質や「規約」がこのようなハラスメントを生んで、あるいはハラスメントが起こっても居直る体質をつくっているのだとすれば、そのような「規約」の在り方そのものが、抜本的に見直されなければならないはずです。

それなのに、人権と民主主義を掲げているはずの政党で表現の自由や民主主義の観点から極めて疑問のある「規定」が残念ながら存在しています。かつ、このよう「規約」の恣意的な解釈と運用による人権侵害が行われているのです。

（2）内容（ルール自体）が正しいか、手続が正しいか

まず、大切なのはルールが正しいかどうかです。

憲法に違反して人権侵害をするようなルールを定めても、民法90条の公序良俗違反となります。憲法は私人間にも間接適用されるということです（憲法違反で無効になる）。

たとえば「愛人契約」は、いくらAさんとBさんが双方合意していたとしても公序良俗に反して無効となります。お互いの家庭を壊してしまうので、社会的に許されないからです。

あるいは「労働基準法違反の契約」はいくら双方が合意していても無効です。社会的に弱い立場に置かれる労働者を守るという趣旨により、合意の原則は排除されるのです。

次に、手続の正当性が重視されます。

近代国家では、罪刑法定主義と適正手続がとても重要なのです（憲法31条参照）。

たとえば、ある国で「悪いことをした人は処罰する」という法律があったとします。

この法律によって王様の批判をした人が死刑になった。このような中世で行われていたようなやり方は近代立憲主義では否定されています。

なぜなら、「悪いこと」とは何なのか予測可能性がないため、行動に萎縮的効果をもたらし、罪刑法定主義に反するからです。

言い換えれば、条文や規則を読んだ人が、どういう行為がセーフで、どういう行為がアウトなのかが明確にわからなければならないのです。さらに、どのような手続に拠るのか、実体と手続の法定と適正が要求されるのです。

権力者側に恣意的な解釈や恣意的な運用がなされることがあってはならないのです。規定があるかではなく、適正かどうか、内容と手続の合理性が問われるのです。

（3）内容的正当性と手続的正当性がまったく認められない「処分」とパワハラの継続

社会を構成するあらゆる団体に「法の支配」の精神は及ぶというのが憲法学の常識です。とりわけ、不利益な処分がなされる場合は、厳格な要件と手続が必要とされます。そして、正当な理由によらず、実体と手続を満たさない組織からの排除は、それ自体がパワハラといえます。

ところが、松竹伸幸さんらの除名に関しては、何がセーフで何がアウトかわからない恣意的な規約解釈によるもので実体的な要件を満たさないものです。

政党がこれをやるのか、という意味でも、衝撃的でした。何よりも出版時期を相談しただけしょうか。

で「分派」とみなして除名するという、要件も手続も不当なやり方には驚愕させられました。
　これでは出版界における職業生活もまともに成り立ちません。言論・出版の自由はどこに
行ったのか。これでは、共産党は「表現の自由の敵」だとのそしりを免れないのではないで
しょうか。

　さらには、内容的正当性のみならず、手続的正当性もまったく認められません。
組織からの聞き取り調査が行われて、いろいろやり取りをやり終えたその場で「あなたを除
名します」と言い渡されて本当にびっくりした、とご本人が述べておられます。
　裁判、労働委員会などはもちろん、公務員職場での公平委員会、民間企業での賞罰委員会な
どの裁定機関では、法的素養を備えた専門家が第三者的な立ち位置から双方の主張を充分聞い
たうえで、主張内容を慎重に吟味して後日結論を伝えるわけです。
　松竹さんへの調査の場の最後に除名通知がなされたことは、社会常識をあからさまに踏みに
じる行為であることは論をまちません。予め結論を持ったうえで調査に臨んでいるので、手続
きの適正がまるで守られていないわけです。
　いかなる組織であっても、このようなやり方は認められませんが、とりわけ、政党がこのよ
うな内容的正当性と手続的正当性がまったく認められない「処分」（組織からの排除というハラ
スメント）と、それに続き行われた人格攻撃というパワハラ、人権侵害を行うことには問題が
大きいと思うのですが、みなさんはどのように思われたでしょうか。

【引用・参照文献】

松竹伸幸『シン・日本共産党宣言』（文藝春秋）

〈裁判資料などについて〉

松竹伸幸『共産党除名撤回裁判の記録Ⅰ』（かもがわ出版）

松竹伸幸『共産党除名撤回裁判の記録Ⅱ』（かもがわ出版）

松竹伸幸さんのＨＰ　https://matutake-nobuyuki.com/

松竹伸幸さんのブログ　https://ameblo.jp/matutake-nobuyuki/

〈判例について〉

東京土建一般労組除名事件　東京高裁平成５年10月25日判決

〈政党と人権侵害について、より深く知りたい方に〉

内田樹・平裕介・池田香代子・伊藤真・上瀧浩子・神谷貴行『松竹さんを共産党に戻してください』（あけび書房）

〈性加害告発について、より深く知りたい方に〉

平澤民紀『日本共産党と医療生協・民医連の民主的再生のために』（あけび書房）

第6章　おかしいことにおかしいと声を上げただけで不当解雇事件

序　マンガ評論家は、なぜ、組織の不正に立ち向かったのか

（1）嵐の前の静けさ

マンガ評論家としても世に知られた神谷貴行さんという男がいる。彼は信念の人であり、日本共産党のなかで長年活動し、福岡市議団事務局長という要職を務めた。だが、彼の道は、正義を貫こうとするがゆえに、想像を絶する試練へと向かっていくことになる。

2023年2月、ある出来事が神谷さんの運命を大きく変えた。ベテラン党員でジャーナリストの松竹さんが、党首公選制を提案する書籍を出版し、党から除名されるという事件が起こったの

だ。「なぜこんな処分をするのか？」「手続き的におかしくないか？」——神谷さんはその疑問を抱き、党の総会で発言した。しかし、その発言こそが彼の苦難の始まりだった。

彼は正義を守るため、党内のルールに基づいて議論をしようとした。しかし、党の上層部はその声を封じ込めようとする。

(2)「調査」という名の闇

「調査をする」——党幹部はそういったが、それは調査というよりも、まるで〝吊し上げ〟のようなものだった。最初は5対1、次には11対1という圧倒的な数の前に、神谷さんは問い詰められた。

「自己批判しなさい！」

かつて〝査問〟と呼ばれたこの行為は、ただの尋問ではなかった。精神的な圧迫をかけ、従わせようとするものだった。それは、まるで過去の歴史に登場する忌まわしい人権侵害のやり方そのものだった。

労働基準法には、労働者の尊厳を守るための規定がある。しかし、ここではまるで別世界のルールが支配していた。1年間以上にわたり続く「調査」の名の下で、神谷さんは職場から排除され、出勤を禁じられてしまう。のみならず、本人の意思に反するのに「除籍」という形で組織から追放され、解雇されることにより、ついには職員としての仕事を奪われた。

共産党は党の〝規約〟を恣意的に解釈・運用して、神谷さんの人権を踏みにじった。普通の会社であれば、こうした解雇は「不当解雇」として労働法違反となる。さらに、職場での圧力や人間関係からの切り離しはパワハラ防止法にも違反する行為だった。

（3）権力に立ち向かう正義の戦士～不屈の闘志～

神谷さんは一人ではなかった。彼の周りには、彼の正義を信じる仲間たちがいた。

「このまま泣き寝入りするわけにはいかない。」

神谷さんは、不当な仕打ちに屈することなく法の下での正義を貫くため、法的手段をとることを決意する。

「私は間違っていない。おかしいことをおかしいといっただけだ。」

これは単なる個人の闘いではなく、同じような仕打ちを受けた人々のための闘いでもあった。

（4）未来への希望

日本の社会は、まだまだ変わらなければならない。強い者が弱い者を踏みにじることを許さない社会をつくるためには、一人ひとりの勇気が必要だ。

神谷さんの闘いは、その第一歩だった。

彼が示そうとしている道は、これから多くの人が進むべき道となる。

「荒野に道があるのは誰かが切り開いたからだ。道がなければ、誰かが切り開くしかない」

この物語は、実際に現在進行形の事件をもとに、神谷貴行さんの正義と勇気を描いたものです。ハラスメントや不当解雇の問題は、決して他人事ではなく、社会のあらゆる場面で起こりうることです。

この章では、ハラスメントや不当解雇のない社会を求めて声を上げた、神谷さんの闘いの軌跡を追っていきます――。

1　神谷貴行さんの紹介

神谷《かみや》貴行《たかゆき》さんは、元共産党職員。かつて共産党系全学連の委員長でした。紙屋高雪のペンネームで作家・漫画評論家としても有名です。

2018年11月には福岡市長選挙に無所属（共産党推薦）で立候補。落選しましたが、無党派層の票を取り込み、共産党推薦候補としては同選挙史上最高得票を記録しています。2018年には、命名した「ご飯論法」が流行語大賞のトップテンに選出され、受賞者の一人として表彰されています。

神谷さんのいう「ごはん論法」

「あなたは朝ごはん食べましたか」と聞かれて、（実際はパンを食べていたのに）「ご飯は食べませんでした」と応える。＝自分に都合の悪い質問に（正直に答えたくないものだから）論点をずらして回答をはぐらかすことをいいます。

前章では「政党による出版・言論の自由をめぐるパワハラ」についてお話をさせていただきました。出版時期の相談をしただけで、「分派」とみなし組織から排除するようなやり方は、前述したような裁判所の判例にも反するでしょうし、一般人の日本語の理解にすら反した、おかしなやり方です。

もちろん、このようなおかしなやり方に抗議する人もいました（そのうちの一人が第４章でお話しさせていただいた大山さんです）。

ここではそのうちの一人である神谷貴行さんと彼の身に起こったことについてお話しします。

２　事件の概要

２０２３年２月にベテラン党員だったジャーナリストの松竹伸幸さんが、党首公選制を主張した書籍の出版などが原因で除名処分（松竹さんは地位確認を求めて２０２４年３月に提訴して係争中）を受けました。

神谷さん（当時、共産党福岡市議団事務局長で、２０２４年２月まで日本共産党の福岡県委員を務めていた）は、これを受け、福岡県委員会の総会で、松竹さんへの処分は手続き的に見てもおかしいのではないか、と発言し松竹さんの処分見直しを提案しました。

しかし、提案は否決され、神谷さんは自身のブログ記事で神谷さんの意見を批判した総会の決定（討論の結語）を公開し、決定には従うことをあわせて記載しました。

ところが、神谷さんが松竹さんを庇ったことが気にくわなかったのでしょうか、県委員会はこの記事の内容が党規約に違反する疑いがあると主張し、1年半にわたり「調査」と称する査問を行い続けました。

この「調査」と称する査問がどのような内容であったのか、そして、これらの行為は法律上どのような評価を受けることになるのか。専門家の立場からお話をさせていただきたいと思います。

3　1年半もの間、執拗に続けられたパワハラ

ここからは神谷さんへ行われた仕打ちについてお話しさせていただきます。

福岡県委員会のホームページ、神谷さんの裁判資料、『日本共産党の改革を求めて』（あけび書房）を参照させていただきました。

さらに、同時期に福岡で一緒に活動をしていた砂川さんと羽田野さんに確認を依頼し、本稿の事実関係のチェックは神谷さん自身にお願いさせていただきました。ここに心から感謝を申し上げます。

なお、福岡県委員会は「ＨＰのサイトに掲載してあることがすべてです」という回答であったことを付記させていただきます（【参照】https://www.fjcp.jp/ken-info/4553/）。

（1）「調査」と称する人格攻撃

党幹部は「規約」に違反する疑いがあるとして、神谷さんの処分へ向け「調査」を始めました。共産党が行う「調査」と称する査問は、「新日和見主義事件」などで苛烈極まる人権侵害行為（新ヒヨのヒヨコ殺し）として知識人の方には有名でした。当時は長期間における軟禁などが行われていたわけです。ただ、共産党自身が「査問」を「調査」と呼び変えるなど、おどろおどろしいイメージを変えようと繕ってきたこともあり、既知の方でさえ、昔の話だと思っていたのではないでしょうか。

ところがどっこい、というわけです。

①相手を精神疾患に陥らせる5対1での吊し上げ（査問）

２０２３年5月には県三役（福岡県委員長、書記長、３人の副委員長）５人対神谷さん１人での「調査」が行われました。その中身は、自己批判（反省）を求め、しなければ「党員の資格を問われる」、つまり党籍を剥奪して追放することを匂わせるものでした。

神谷さんは違反との正式認定はないし自己批判は規約で強要できないはずだと抗議し、５対１で自分を追い込むのはやめてほしいと伝えています。

にもかかわらず、この要望は無視され、5人での調査が続行されています。その結果、神谷さんは精神の不調に陥り、1ヶ月の休職を余儀なくされました。

②相手を精神疾患に陥らせる11対1での吊し上げ（査問）

最初の休職から復帰した後、三役と他の常任11人対神谷さん1人で、会議の場で同様に追及され、吊し上げられています。

神谷さんは、日本共産党福岡県委員会幹部11名からのパワーハラスメントにより精神的な不調に陥り、再び体調が悪化して、さらにもう1ヶ月の休職を余儀なくされました。

③一方的な権利制限と「隔離」

2023年8月には「調査のため」の規約に基づく権利の制限という名目で、神谷さんは党側から一切の党の会議への参加や職場（市議団）への出勤を禁止されました。職場のLINEグループからも外されました。仕事をすべて取り上げられ、ほかの党員・同僚との関係を断たれたのです。それだけでなく、職場移転の手伝いや職場の党員との接触、民青のメンバーと行っていた自主的な『資本論』学習会への出席などを禁止されました。要するに、仕事関係以外でも仲間との関係を断たれ、人間関係の切り離し、「隔離」をされたのです。

「調査」中であり規約違反という結論も出ていないのに、神谷さんは県役員の被選挙権を剥奪されます。

県幹部は神谷さんを排除した後、神谷さんのいない会議で「神谷は規約違反」「党破壊者である松竹の擁護・同調者だ」という報告や発言をくり返しました。

(2) 根拠すらない人権侵害

①「規約」自体の合理性が疑われるなかでの長期にわたる査問

そもそも非合法時代から連綿と受け継がれているこの組織の「調査」と称する査問が、今も「規約」として残っていること自体が、この組織の後進性の表れだというのが一般の方の人権感覚だと思います。

共産党は何としても神谷さんを解雇したいがために、1年半も執拗にアラ探しの「調査」をやり続けたのです。

明確な規約違反の証拠も示せず、論証も出ないのに、1年半にわたって、長期に、異論の撤回を迫り続け、事実上の強要、脅迫を続けました。結果として、神谷さんは精神障害まで負っています。

②自分たちの「規約」にすら従うことのない根拠不要の決めつけ

「規約」自体の合理性が疑われるなかで「調査」と称する査問が行われたわけですが、本件では、自分たちの「規約」にすら従うことのない根拠不要の決めつけまでもが行われています。

たとえば、神谷さんは党からの追放・解雇をほのめかされた上で、規約違反かどうかの「調査」

中であるにもかかわらず、県幹部から「規約違反」だと決めつけられています。
実体も手続も、もはや「規約」にすら従うことなく根拠不要の決めつけがされているわけです。

③「規約」にすら根拠のない自己批判の強要と人権侵害

それにとどまらず、本件における「調査」と称する査問では、「規約」にすら根拠のない強要と人権侵害までもが行われています。

神谷さんは、多数の県幹部に囲まれて追及を受け、解雇・放逐するという圧力の下、深い「自己批判」を強要されています。

「自己批判」という言葉は耳慣れない言葉かも知れませんが、古くは日本共産党の新日和見主義事件（1972年）や連合赤軍の浅間山荘事件（1972年）などでも用いられ、人間の人生を狂わせた人権侵害や負のイメージが蔓延している言葉でもあります。

日本共産党の新日和見主義事件では適正な手続（憲法31条参照）によることなく長期間軟禁され外部との連絡を閉ざされた状態での「自己批判」を強要され、連合赤軍では「自己批判」が不十分だとして文字通り処刑（殺害）がなされました。

「自己批判」の強要は、人の内面まで強制的に変えようとするもので、思想良心の自由（憲法19条）を侵害しかねません。今の日本に、多人数（集団）で、その人の考え方や人の思想・信条（信念）の放棄を迫るようなことは、カルト団体はともかく、ほとんど見られません。ましてや、長期にわたって、特定個人の考え方や思想・信条（信念）の放棄を迫るような集団、企業はあるでしょうか？

そもそも、共産党の規約からも「自己批判」という語句やその義務付けは削除されています（２０００年の第22回大会）。

削除された規定を使わないのはルールとして当たり前のことです。たとえば、国の規定でも尊属殺重罰規定（旧刑法２００条）という不合理な規定がありましたが、削除されてからはそのような規定は使われていません。通常の殺人罪（刑法１９９条）で処罰されます。

それなのに、神谷さんに対しては
「松竹擁護について間違っていたと、反省して自己批判しなさいと（いいなさい）。そうすれば救われる。党に残れる。処分も受けるかもしれないけど除名とかにはなりませんよ」

と県委員長からいわれています。

〝謝らないと追放して職も失うよ？〟っていう趣旨のことを「冷静」にいわれたわけです。

福岡県委員会は「ＨＰのサイトに掲載してあることがすべてです」という回答であったわけですが、共産党自身が「自己批判」をしなかったことを神谷さんに対する〝粛清〟（放逐）の根拠としています（【参照】https://www.fjcp.jp/ken-info/4553/）。

つまり、神谷さん宛ての通達では、福岡県委員会は「自己批判せよ。しない場合は辞めさせる」と繰り返した本音が臆面もなく開示されています（自己批判しても辞めさせないつもりであったかどうかはわかりません）。

松竹さんに対する処分は、第５章で分析させていただいたとおり、専門家の観点からも手続的におかしいです。

神谷さんはいわば「黒いものは黒い」といっただけなのです。それなのに、「自分の考え方は間違っていました」と自己批判し「黒いものを白であったと言い直せ」と解雇をちらつかされながら、強要されたわけです。

そして、神谷さんはこれを拒否しました。

「自己批判」などという言葉は、「自己批判」しない人に対する凄惨な人権侵害とセットで用いられてきたので、不合理だから削除したのではなかったのでしょうか。

削除された規定に基づくやり方はしてはならないというのは、近代立憲主義における社会的常識です。

この党は、イメージ操作のために、綱領や規約も外向けに字面を変えただけということなのでしょうか。人権侵害を平然と行う根本的な体質は変わってないというのであれば、あまりにも有権者を馬鹿にした欺瞞であることを露呈してしまっているように思えてなりません。

(3) 解雇をちらつかせての義務無きことの強要、事実上の退職強要

ブラック企業でも上役からの圧力がかかることがあります。しかし、本件はそれよりもひどい、人の内面まで強制的に変えようとする酷い人権侵害であり、弾圧です。

福岡県委員長などのやってきた神谷さんへのいじめは、党の綱領や規約にすらないものです（この点は、神谷さんが何度も確認しています）。日本国憲法下で許されないし、意思決定の自由を保護法

益とする刑法の下で脅迫罪あるいは強要罪として刑事事件になる恐れすらある性格のものです。今の日本に、多人数で、集団で、個人の思想、考え、信念の放棄を、長期にわたって迫るような組織があるとすれば、ブラック企業かカルト集団くらいのものでしょう。公の政党がこのようなことを行っていることには驚きしかありません。

さらに、労働者の党を標榜しているはずの政党が、解雇をちらつかせての義務なきことの強要を行っているだけでなく、これが事実上の退職強要とセットであったことは大問題です。

松竹さんが「反動勢力と結託」した反革命であると根拠不明のまま祭り上げられた大キャンペーンのなかで、神谷さんは一連の仕打ちを受けてきたわけです。

しかも、「調査」以前に「処分」をすることが決まっていることをほのめかされ、「松竹擁護について間違っていたと、反省して自己批判しなさい」と、自己批判を強要され続けたわけです。つまり、1年半もの間（結果的に1年半でしたが）、「調査対象」とされ、その途中で各種の権利を制限され、人権を侵害され、「松竹擁護について間違っていたと認め」ない限り、永遠に続くかの如き「棚ざらし」が行われ、正当な理由なく、身に起こる害悪を告知し続けられたわけです（脅迫罪の成立につき、大判昭和9年3月5日刑集13・213、最判昭和34年7月24日刑集13・8・1176等）。

（4）そして、みせしめのような組織からの放逐

組織の「調査」と称する査問が始まって1年半が経過しました。1年半もの時間をかけたにもかかわらず、ついに除名事由に該当するような証拠を見つけられなかったのでしょう。

県委員会はかつて神谷さんがブログに書いた記事の内容が党規約に違反すると主張して除籍を決定しました。２０２４年８月６日付けで共産党から除籍され、この処分に連動する形で、共産党（福岡県委員会）から８月16日付で党職員の仕事を解雇されました。

「調査」から１年半も経って「除籍」（カジュアル除名）が決定され、これと連動して解雇されたのです。

４　不当除籍と不当解雇

（１）３つの除籍理由と結論を伝えるだけの「協議」手続

結局、処分としての「除名」はできなかったわけですが、処分ではない「除籍」によって（「除名」と「除籍」では、組織からの放逐という意味では同じ効果を持ちます）、結局、神谷さんは組織から除籍をされ、党職員も解雇されてしまうことになります。

党側は神谷さんの除籍理由について、以下の３つを根拠としています。

①神谷さんが２０２３年３月５日に発表した「かみや貴行のブログ」記事「日本共産党の党内民主主義について」において「自分の意見を、県委員会総会の議論とともに、勝手にブログで発表した」とし、「討論の内容を、それぞれの県委員が個人の判断で公開することを認めれば、総

会での自由な討論を阻害することにもなります」としています。
②神谷さんは「自己批判もしませんでした」。
③よって、神谷さんが「日本共産党員としての資格を自ら喪失したと判断」しました。

そもそも、なぜ、内部の問題を外部に公開すれば処分がされるような組織で、「県委員会側」はこのような内部で起こった事件についてホームページで外部に発表して〝おとがめなし〟なのかは疑問です。

自分たちは「特権階級」で組織内のルールは適用されないのか、一般人には理解不能の「レトリック」が用いられるのか、いずれにせよ違和感を覚えます。

「県委員会側」は自分たちに都合の良い内容は（元）構成員の人権やプライバシーに関わる問題であっても公表していいが、構成員による都合の悪い意見や発言は吊し上げを行い、ましてや都合の悪い発言を外部に発表することに対しては処分する、とでもいうのでしょうか。これでは、見事なまでの、ご都合主義・秘密主義・専制支配のカルト政党だというそしりを免れません。

ダブルスタンダードな気がしてなりませんが、ただ、この点はひとまず脇に置くことにします。

また、党側は神谷さんの除籍手続について、以下のように行っています。

「除籍にあたっては、本人と協議する。」と規約には書かれていますが、除籍の前に神谷さんとの協議は行われず、先に決定が行われてその決定が神谷さんに通知され、「協議」は除籍決定・通知の後に行われました。

この除籍・解雇が、実体的・手続的にみて正当なものといえるのか、みなさんと一緒に検討していきましょう。

（2）3つの除籍理由がいずれも支離滅裂であること（実体面の瑕疵）

① 支離滅裂の除籍理由1【①について】

党側は除籍理由について、「討論の内容を、それぞれの県委員が個人の判断で公開することを認めれば、総会での自由な討論を阻害することにもなります」としています。

そこで、福岡県委員会のホームページと神谷さんのブログ双方を丁寧に読み込んで比較検討をしてみました。

検討に際して、福岡県委員会に追加取材を申し入れましたが、「ホームページに書かれていることがすべてです」という回答でした。

他方で、福岡県委員会側の言い分に反して、むしろ、規約違反だというように揚げ足を取られないように二重にも三重にも注意深く当該記事を書いたことが神谷さんのブログからは読み取れます（だからこそ、規約違反での処分はできなかったわけです）。

まず、神谷さんは討論の「内容」をそもそも公開していません。実際、県幹部に「どの部分が誰の発言か指摘してください」と尋ねましたが、誰も答えられませんでした。神谷さんは総会の討議内容など一切記さず、赤旗の松竹氏批判記事をコピペしただけだったから当然です。そうすると、県委員会側の言い分は〝言いがかり〟に近いものです。

百歩譲って、主張の趣旨が〝自由な討論を阻害すること〟に対する規制の必要性があるとしても、ブログでは神谷さん以外の発言については発言者を開示しておらず、阻害しようがないです。そうすると、これを根拠とすること自体が失当（主張自体失当）です。

仮にその点を差し措くとしても、討論の内容の公開が自由な討論を阻害するかは、ケースバイケースであり、一律に規制すること自体がおかしく、ましてやこんなことを除籍の理由にするのは筋が通りません。

表現の自由に対する萎縮的効果を与えないためにも、どのような場合がアウトでどのような場合がセーフなのかが一般人を基準にわかるようにしておかなければなりませんが、党側は何の基準も示しておらず、後出しで「それはアウトだ」と摘発するやり方であり、自由な言論を阻害する、絶大な萎縮効果を引き起こします。

そもそも、普段、政策決定過程を公開せよ、と政権側を追及している姿勢にも反します。

議論を公開して処分されるのなら、政権を取った後で内部の議論を話した人はすべて処分されるような「報道の自由」も「表現の自由」も「国民の知る権利」もない〝リアル北朝鮮〟のような国家をつくるつもりでしょうか。

共産党はそのような政党ではないはずです。現に、特定秘密保護法の制定時には、「国民の知る権利」を侵害する違憲立法だ、とまでいって追及していた政党です。

それなのに、自分たちの〝権力〟が及ぶ範囲では正反対の対応を取るのでしょうか。除籍理由①は、「規範の定め方」も「あてはめ」の仕方も間違っており、結論ありきのメチャメチャな理由付けというほかありません。

② 支離滅裂の除籍理由2【②について】

党側は除籍理由について、「自己批判もしませんでした」ということを根拠にあげています。驚くべきことに、明らかに思想の放棄を迫ったことを前提とした記載がされています。本件では「義務なきことの強要」に当たりかねないにもかかわらず、です。

そもそも「自己批判」などという人権侵害（思想の放棄の強制）が日本国憲法の下で許されていいのでしょうか。共産党の「規約」からも、この言葉は削除されている（２０００年）ことは前述したとおりです。

削除された規定を使わないのはルールとして当たり前のことです。それなのに、罪刑法定主義や適正手続きにも反する前近代的なことが行われてしまっているわけです。

しかも、そのような前近代的なやり方をしていることを堂々とホームページに公式見解として掲載してしまっていることが、この政党の人権感覚の欠如を示してしまっています。廃止した規定と「自己批判」という言葉を躊躇わず使うところに、認知の乖離が如実に現れていると思います。

県委員会側の思惑に反して、削除した規定を「除籍」の理由としていること自体が、これらの一連の行為と「除籍」が違法という評価を根拠づける事情になります。

そういう組織だと知ってはいるけれど、この時代に「自己批判」なんて単語を見せられると引いてしまう人も多いのではないでしょうか。

③ 支離滅裂の除籍理由3【③について】

党は、記事の公開（①）と、自己批判の拒否（②）を根拠に、「実際には規約を守って活動する意思がないものと判断します」と決めつけて、除籍の根拠としています（③）。

しかし、ここまでの検討からも明らかなように、①・②が成り立たない以上、これを根拠とする③の理由が成り立たないことは明らかです。

実際には、神谷さんがブログの記事を書いたのは松竹さんの除名がなされた後でした。それもあって、神谷さんと同じような結末にならないように（規約と照らし合わせながら）二重にも三重にも注意深く当該記事を書いています。神谷さんはブログの記事中では規約を守って活動する意思を表明するなど、党側の決めつけとはまったく逆のことを述べています。

むしろ県委員会による恣意的で日常用語にも反する解釈に、神谷さんが同意しないことをもって、党の規約を守る気がないと一方的な決め付けを行って「除籍」して解雇までしているのです。「規約を自分勝手に都合良く解釈している」のは、党福岡県委員会の側なのです。

さらに、「日本共産党員としての資格を自ら喪失したと判断した」という奇妙なレトリックを用いているあたりは閉口させられます。

ホント何をいっているんでしょうか。本人が承服せずに裁判にまで発展している案件です。本人が承服していないので「自ら」のわけがありません。党が党員の内心まで決定できるという究極の全体主義が支配する組織なのでしょうか。

「自ら喪失」という言い方もいかにもカルト的で、わざわざ共産党アレルギーを社会に蔓延させる必要はないと思うのですが……。

このようなやり方がまかり通るのであれば、ブラック企業はやりたい放題ということになります。特定の幹部が気に入らない人物は「資格を自ら喪失したと判断」して放逐し、解雇できるのですから。このようなやり方が社会的に許されるわけがありません。

④実体面の瑕疵が認められることは明らか【結論】

このように、県委員会側の除籍理由の①・②・③はいずれも客観的で合理的な理由とは認められず、社会通念上相当として是認することができないものです。

要するに、規約の解釈が恣意的でめちゃくちゃであるのみならず、規約に書かれていないことで事実上「処分」しているわけです。

日本や先進国の法律体系では、「処罰規定にない事項」での処罰はできません。そのようなやり方を認めていれば、国や団体側の勝手に気に入らないものは何でも処罰されてしまうからです。

私が主張する法律・規則の解釈・適用の仕方は、個人の人権を尊重する、民主主義国では当たり前の話です。

にもかかわらず、権利制限という不当な人権侵害をして、1年半かけた「調査」によっても、除名による解雇ができなかった事案で、除籍によって解雇する、というのは完全に「人治主義」であり、規約の存在が意味をなしていません。

繰り返しますが、神谷さんは規約を守ると明言していました。それにも関わらず、ブログに気に入らないことを書いたからといって、一方的で恣意的に義務なきことを強要し、その不当な要求を受け入れないからといって除籍され、解雇されているわけです。

以上により、本件には、実体面の瑕疵（実体要件の欠落、欠陥、違法）が認められることは明らかです。

（3）事前に「協議」の行われない「協議」手続（手続面の瑕疵）

次に、この除籍・解雇が、手続的にみて正当なものといえるのか、検討していきましょう。

党規約11条には「除籍にあたっては、本人と協議する」と規定されており、「除籍は、一級上の指導機関の承認をうける」とあります。

適正手続について学んできた法律家であれば、
①＜除籍対象者との協議＞↓②＜一級上の指導機関の承認＞↓③＜除籍の決定＞↓④＜対象者への通知＞
という流れだと理解できます。

不利益を受ける対象者に対する「告知・聴聞」の手続が必要なのは近代法の常識です。また、法律の専門家でなくても素直に読めば（日本語の通常の解釈として）そのように理解できるはずです。

しかし、本件においては、

③〈除籍の決定〉↓④〈対象者への通知〉↓①〈除籍対象者との協議〉

※②が行われたかは不明

という流れで手続を行ってしまっています。

県委員会は、順番を逆にして、真っ先に③〈除籍の決定〉をした後、④〈対象者への通知〉を行い、最後に①〈除籍対象者との協議〉を行っています。

協議もなしに、先に除籍を決定している重大な手続違反を犯しているということになります。神谷さんに対するこの手続は、法律の専門家なら、だれが見てもおかしいです。

除籍を決定した上で協議の場を設定するのは、マグナカルタ（１２１５年）や権利章典（１６８９年）以来の適正手続の考え方に反します（憲法31条）。

それどころか、「除籍にあたっては、本人と協議する」と共産党が明文で定めている規約にすら違反しています。除籍を決定したあとにその除籍した人と協議をすることに意味がないことは条文上明白です。

このような手順を無視し、協議前置主義をすっとばすという、とんでもなく重大な手続違反を犯しているのです。

事前に「協議」の行われない「協議」手続であり、国の定めたルールに反しているどころか、自分たちが定めたルールにすら従わないという手続違反を犯しているのです。

さらには、この時点において、②〈一級上の指導機関の承認〉、つまり、党中央からの承認を得たと説明もありません。承認を得たなら（後から日付けを遡らせるようなインチキをしていないことを証明するために）その日時や決裁を得た旨の証印があって然るべきですが、そのような添付文書もありません。

（4）不当な「除籍」に連動させた不当解雇

神谷さんは党員を除籍されたことに連動して、党職員からも解雇をされています。では、この解雇は有効でしょうか。

解雇は濫用にあたると無効であり、これを解雇権濫用法理といいます。

一方的な解雇を制限するためのルールとして、法は「客観的に合理的な理由を欠き、社会通念上相当徒認められない解雇は、その権利を濫用したものとして無効とする」（労働契約法16条）という規制を定めています。

これまでの事実経緯からも明らかなとおり、党側は1年半をかけて「調査」をしても、神谷さんを「規約違反で除名」することはできなかったのです。

それなのに、規約に反しないので「規約違反での処分はできないが除籍にはできる」として、解雇しているのです。

しかし、処分ではない「除籍」で、「解雇」というのは筋が通りません。

それだけでなく、党（県委員会）側の除籍理由も、規約の恣意的な解釈によるもので、実体的要件を満たしません。

除籍は処分ではないとはいえ、組織からの排除という意味では処分である除名と同じ効果を持つことを悪用して、形式的には要件に該当しないものを無理矢理に「事実上、規約違反で除名」処分を行って解雇しているわけです。

あからさまな処分権の濫用です。規約に書かれていないことで事実上「処分」しているわけです。もう、規約の存在が意味をなしていません。実体的要件を完全無視しているのですから。

それだけでなく、事前に「協議」がない「協議」手続であり、国の定めたルールに反しているどころか、自分たちが定めたルールにすら従わない手続違反を犯していることは前述の通りです。規約にすらない勝手な排除行為であり、憲法や法律を守らないどころか、自分の党の規約さえ守らずに、不当な除籍と連動した解雇を行っているので、不当解雇であることは明らかです。

5　専門家が解説する神谷さんへのパワハラの認定と類型

（1）一連の行為一つひとつがが「パワハラ」の要件に該当する

①優越的地位を背景としていること

組織の幹部から多人数で詰められており、優越的地位を背景とした行為であることは明らかです。

②必要かつ相当な範囲を超えたものであること

解雇をちらつかせながら内心の領域にまで踏み込んで自己批判を迫るというやり方は、規約に根拠があろうがなかろうが（規約にすら根拠がなかったわけですが）明らかな人権侵害であり、必要かつ相当な範囲を超えたものであるといえます。

③労働者の就業環境が害されるものであること

職場を含めた「人間関係からの切り離し」を通じて、就労環境を害することを目的とされており、実際に、精神疾患に追い込まれ、休業を余儀なくされるなどしています。

(2) パワハラであることを強烈に加味する事由

①「頻度・継続性」

1年半もの長期にわたるもので、とんでもなく長く執拗に詰められており、「頻度・継続性」の観点から考えても、かなり悪質といえます。

②「言動の態様」

本件では文字通り、解雇をちらつかせながらの強要といえるものであり、（甘いといわれる厚労省の認定基準によってさえ）労災認定でのランク3に該当するものです。これは、相手を精神疾患に追いやってしまうレベルの「言動の態様」であり、かなり悪質な事案といえます。

③「被害者の属性や心身状況」

神谷さん本人が「自分を追い込むのはやめてほしい」と訴え、SOSを出しているにもかかわらず、これらの行為が続けられ、実際に精神疾患に追いやられています。11対1などまさに被害者を一方的に吊し上げる状況設定や「被害者の属性や心身状況」の観点からも、かなり悪質な事案といえます。

神谷さんは、松竹さんの除名手続きには「重大な瑕疵がある」として、会議で異論を唱えました。そのことを規約に反しない方法でブログに書いたところ、長期にわたり「調査」され、除籍され、解雇されました。

党側は「規約」を根拠に「権利制限」をしたというのが主張のようです（党規約48条参照）。

しかし、「規約」があろうがなかろうが、人権侵害をしてはならないのです。こんなことは当たり前のことです。

ここでは厚生労働省も認めるパワハラの類型についてお話しさせていただきたいと思います。

神谷さんへの一連の仕打ちは、「精神的な攻撃」という第2類型でパワハラに該当することは火を見るよりも明らかです。

さらに、従来の仕事を取り上げるなど、要するに干したことは「過小な要求」というという第5類型でもパワハラに該当します。

本件では規約にすら書かれていない、私的に休みの日に開催していた「学習会などへの出席を禁止」されています。プライベートまで制限するのは違法行為であり、完全な人権侵害です。私的な活動に干渉していることから「個への侵害」（プライバシーや個人の自由の領域の侵害）という第6類型でのパワハラにも該当します。

これらの行為や規約にすら根拠のない「調査中」という名目での活動から排除し、連絡を取ることさえ禁止する（最終的には合理性の認められないやり方で組織から排除する）行為は、「人間関係からの切り離し」という第3類型でのパワハラにも該当します。

6　これらの行為は民間企業であればどのように評価されるか

(1)　不法行為に続く、ほとんど「謀略」レベルの不当排除・不当解雇

解雇したいがために、1年半も執拗に労働者のアラ探しをやり続け、長期に、異論の撤回を迫り、事実上の強要、脅迫を続け、本人にそのストレスで精神疾患まで負わせる。

人を攻撃し、徹底排除して病気にまで追い込んだうえで、謀略のようなやり方で解雇する。不法行為を続けて、ほとんど「謀略」レベルの不当排除・不当解雇が行われたと評価することができます。

今の日本に、集団で、個人の信念の放棄を、長期にわたって迫り、永遠に続くかのような棚ざらし（結果的に1年半でしたが）や自己批判強要を行う組織は、なかなか見当たりません。

通常の民間企業であれば、いいかげんな実体要件を設定して恣意的な運用をすること自体が恥ずかしいことではあります。自分たちがコンプライアンス違反をしているわけですから。

要件の欠落、手続違反（手順間違い）。めちゃくちゃです。

これが普通の会社の役員会などであれば、謀略となり、会長、社長の首が飛ぶレベルといえます。

（2）労災認定におけるランク3（人間の精神を破壊する行為）

さらに、これらは労災認定におけるランク3と評価されるものであり、労働災害の観点からも、極めて悪質な行為ということができます。

パワハラに関する主な労災の認定要件は、以下の3つです。

①精神障害を発症している

②発症前おおむね6ヶ月間に業務による強い心理的負担が認められる。

③職場以外の心理的負荷によって発病したものではない

まず、①の認定基準について、労災認定されるパワハラ被害として典型的なものが「精神的な被害」です。

代表的な例として、うつ病・適応障害・心因反応・心因障害・睡眠障害などがあります。

精神障害は、外的要因からのストレスが個人の許容範囲を超えてしまった場合に発症すると考えられており、パワハラが原因で発症することも珍しくありません。

医師による診断のもと、精神障害を発症していることが明らかであれば、認定要件を満たしていると考えてよいでしょう。

次に、②の心理的負荷について補足説明をしておきます。

〈心理的負荷による労災認定基準〉は明確で、1999年に厚生労働省が発表した「心理的負荷評価表」に基づいて判断します。

これは、発症前の6ヶ月間に職場で起きた出来事をすべて評価表に記録し、ストレスの強さをⅠ・Ⅱ・Ⅲの3段階で評価するというものです。

パワハラは、もっともストレスの強い「Ⅲ」（ランク3）と評価されており、「強い心理的負荷がかかっている」と判断されやすい行為に該当します（実際には、労働基準監督署の調査のもと判断されますので、「強」でなければならないというわけではありません）。

しかも、退職強要も、もっともストレスの強い「Ⅲ」（ランク3）と評価されています。神谷さんへのハラスメントは、「地位」を失うと告げられているのだから、事実上の退職強要が行われ続けたわけです（それに引き続いて不当解雇されていることからも明らかです）。

実際に、神谷さんはパワハラと退職強要で精神疾患に追い込まれています。

これは、専門家の観点から、厚生労働省の基準によっても、精神障害を発症しても仕方がないほどの強い心理的負担が加えられたと認められるということです。

（3）安全配慮義務違反

加えて、安全配慮義務という観点からも、極めて悪質な行為であるといえます。

法は「使用者は、労働契約に伴い、労働者がその生命、身体等の安全を確保しつつ労働することができるよう、必要な配慮をするものとする。」と規定されています（労働契約法5条）。

本件では、パワハラを防ぐべき立場にある人たちが率先してパワハラを行ってきたわけですから、安全配慮義務違反は明らかであり、情状酌量の余地がないレベルと評価できます。

（4）強要罪・傷害罪が成立しかねないレベル

人権侵害であり、労働犯罪であるだけでなく、これらの行為は「強要罪」「傷害罪」が認定されかねません。

規約にあろうがなかろうが人権侵害をすることは許されないのですが、規約にすらない（神谷さんが何度も確認している）、解雇をちらつかせながら義務なき自己批判の強要を行ったことは、刑事事件にもなりかねないものです。

本件はまさしく「害悪を告知」して「義務なきこと」を行わせようとしたという構成要件に該当する行為であり、刑法上の「強要罪」（刑法２２３条）で罰せられてもしょうがない性格のものです（強要罪は未遂も処罰されます）。

病んでいる方に対して５対１での調査と称する査問を行うに至っては、未必の故意が認定されて、「傷害罪」（刑法２０４条）が成立しかねないレベルだと思います。

第６章コラム　適正手続を考える

（1）悪質極まりない不当解雇

神谷貴行さんは「松竹さんの除名は手続的におかしい」と当たり前の主張をしました。しかし、最後まで筋を曲げなかった結果、パワハラを受け、除籍され、職員の地位と誇りを奪われ、不当解雇をされました。

長期にわたる「調査」と称するパワハラを受け続ける過程では、苦悩のなかで選択を迫られ、自分が職を失うことを覚悟した瞬間がきっとあったはずです……。それで、自己批判（！）の強要を最後まで拒否し続けました。

信じていたものに裏切られた思いを止揚させて、裁判闘争に打って出るまでには、たくさんの葛藤があったはずです。

法的評価については、私は労働法の専門家ですが、専門家でなくてもわかるのではないでしょうか。

働く意思も能力もある会社員に対して、就業規則の懲戒解雇規定には該当しないにもかかわらず「社員の地位を放棄したものとみなす」などという意味不明の規定を適用されて〝カジュアル解雇〟がなされれば……、誰がどう見ても解雇の潜脱とわかるでしょう。このようなことが我が身に降りかかればと思うと身の毛がよだちます。どう考えても、解雇権の濫用で、おかしいとわかるはずです。

神谷さんに対する不当解雇は、そのくらいの悪質極まりないレベルであるといえます。

(2) 適正手続とは何か

適正手続き（デュー・プロセス）とは、憲法上の要請に基づく公正な手続きの確保を目的とした原則です。

憲法31条（適正手続きの保障）は、直接的には刑罰を受ける場合を定めていますが、行政処分においても適用され、社会を構成するあらゆる団体に31条の精神は及ぶというのが憲法学の常識です。

不利益処分において重要となる適正手続の内容は、実体の法定・適正、手続の法定・適正です。

実体が正しい内容で定められており、恣意的な運用がなされず、かつ、手続も正しい内容で定められており、恣意的な運用がなされないことが必要とされています。

適正手続の具体的要件としては、手続的公正性の確保（関係者に対する公平な扱い）や不意打ち的処分の禁止（事前通知や弁明の機会の確保）、処分の透明性と説明責任（理由の明示や処分の根拠の説明）があります。

不利益処分を行う際には、事前通知、弁明の機会、理由の提示などの法定手続きを遵守する必要があり、処分を受ける者の権利を保障するために、公正かつ透明な手続きが求められます。これらの手続きを怠ると、処分全体が違法とされることがあります。

（3）適正手続に違反しているという共通点

ハラスメントや人権侵害の頻発する組織の共通点については、第Ⅰ部でお話しさせていただきました。共産党もかなりの部分が該当するといえます。

共産党によるハラスメントや人権侵害行為については（従来から行われてきましたが）ようやく社会的に認知されようとしています。

それだけでなく、共産党の独自の問題点として浮かび上がってくるのは、法定手続きの保障という部分がまったく現実化されていないという点です。

社会を構成するあらゆる団体に憲法31条（適正手続の保障）の精神は及ぶのであり、つまり、何かしらの不利益を受ける場合、公平と透明性を担保した手続きを行わなければなりません。

たとえば、民間企業では、何かしらの不利益処分をする場合、就業規則に規定されている罰則の要件に該当するかのみならず、その適用や運用が公平性の観点から妥当といえるか、賞罰委員会を開いて慎重に審査がされ、本人にも十分な告知・聴聞の機会が与えられ、最終的な結論が下されます。

民間企業で調査の結果、懲戒解雇にできないことが判明したからといって、一方的に自然退職扱い（処分ではなく要件も異なる）にして放逐するようなことはできません。

公務員では、何かしらの不利益処分をする場合、民間企業以上に厳格な実体要件と手続的要件が定められています。ましてや、調査の結果、懲戒処分にできないことが判明したからといって、一方的に分限処分（処分ではなく要件も異なる）にして放逐するようなことはできません。

このことは、共産党が懲戒処分をくだす場合にも当然に及びます。

ところが、実態はこんなふうです。ある行為が規律違反に問われた際、規約に義務付けられた調査を行う。電話口で「何月何日に調査を行うことを考えている」といった後に、時間と場所の連絡が一向にない。予定が変更になったのだと思いきや、日がすぎた後になって「時間、会場の問い合わせがなかったので、調整に調査に応じる意思がないと判断し、処分を決定した」という連絡（処分結果の通知）だけが一方的に来る。こういう類の事柄が各地で横行している実態をまず改めるべきです。規約で市民道徳を守れと謳っているのに、特定の場面では恥じらいもなく投げ捨てる姿勢はどうにかならないかと感じる次第です。

前述したように松竹さんへの調査の場の最後に除名通知がなされたことは、社会常識をあからさまに踏みにじる行為といえます。予め結論を持った上で調査に臨んでいるので、手続きの適正がまるで守られていない訳です。

逆に神谷貴行さんの除籍の件で1年半も待たせたことも、メダルの裏表の関係で適正手続の保障に反しているといえるでしょう。

最初の調査から1年半も経って除籍。

おそらく、待たされている間に神谷さんがしびれを切らして松竹さんにコンタクトを取り、その振る舞いを捉えて「分派」だと認定して（分派の禁止というやり方が民主主義と整合性がとれるのか、連絡を取ればなぜ分派になるのか、疑問ですが）無理矢理にでも除名処分にしたかったと考えられます。

だから1年半もかかり、コンタクトが認められなかったので、除名ではなく除籍にせざるを得なかった。

証拠はあるのかないのか？　と問われれば「ない」のですから、このようなやり方が実体的にも手続的にもおかしいのは誰の目にも明らかでしょう。

（4）人間を大切にしないというブラック企業問題とも通底する組織体質

今まで組織に貢献してくれていた人を、気に入らないからというだけでパワハラを行い、めちゃめちゃな理由を付けて解雇する。

ここからは、人間を大切にしないというブラック企業とも通底する問題が浮かび上がってきます。

人権侵害のない社会をつくるため、恣意的な処分をなくすため、どこの団体で行われたとしても、「解雇権の濫用は許されない」「適正手続の保障の精神の破壊は支持できない」と思うのです。

みなさまはどう考えられるでしょうか。

【引用・参照文献】

日本共産党福岡県委員会ＨＰ　https://www.fjcp.jp/ken-info/4553/
神谷貴行さんのＨＰ　https://kamiyatakayuki.hatenadiary.jp/entry/2024/08/20/172229
神谷貴行さんのＸ　https://x.com/kamiyatakayuki1/status/1859811919340916975
かぴぱら堂さんのＸ　https://x.com/kapiparadou/status/1824380725170409870

第7章　弾圧されても労働運動をやめない若者たち

序　～日本共産党の闇に立ち向かう勇者たち～

（1）正義の剣を掲げて

暗闇に覆われた組織のなかで、勇敢に声を上げる人がいた。彼女たちの名は砂川絢音さんと羽田野美優さん——。二人はかつて、組織のなかで「正義の味方」として、労働者や若者のために尽くしていた。

だが、ある時、彼女たちは気づいてしまった。組織のなかで「おかしい」と思うことに口を閉ざし、ただ従うだけの環境があることを。そして、そこにはびこるパワハラ、不当解雇、若者の排除。二人は、それに抗うことを決意する。

「労働者の味方を名乗る政党が、こんなことをしていていいの？」

彼女たちは日本共産党という巨大な組織の圧力に屈せず、勇気を持って声を上げた。これは、そんな彼女たちの闘いの記録である。

(2) 組織の闇

砂川絢音さんは公認の候補者として県会議員選挙も経験し、羽田野美優さんは民青県委員も務め、ともに党内の若手リーダーとして活躍していた。

だが、彼女たちはある日、信じがたい事実に直面する。

民青同盟（共産党系の青年組織、以下「民青」）福岡県委員会の内部で、パワハラが横行していたのだ。民青の幹部は共産党から雇われて給料をもらっていることを知り、これは党の問題そのものだと気づく。

「民青の県委員長がパワハラをしている。なのに、なぜ彼を擁護し、告発した私たちが責められるの？」

さらには、おかしいことにおかしいといっただけの神谷貴行さんがパワハラを受け、除籍され、不当解雇をされるのを目の当たりにした。

二人が声を上げると、党は驚くべき行動に出た。彼女たちを「組織を破壊しようとした」と決めつけ、排除しようとしたのだ。

党が行ったことは、まるで独裁政権のようだった。対外的にはハラスメント根絶を掲げてきた組織の対内的なハラスメント攻撃が炸裂した。

1　脅迫・名誉毀損・侮辱（精神的攻撃）

2　孤立させる・仲間外れにする（人間関係からの切り離し）

これらは、まさにパワハラ防止法に違反する行為である。

しかし、彼女たちは沈黙しなかった。闇に光を灯す人たちは、勇気を胸に宿していた。

「黙っていたら、次は誰かが同じ目に遭う！」

彼女たちは立ち上がり、党内の不正を暴こうと動き出した。

(3) 正義の反撃

二人は、県の党本部の前で抗議行動を決行した。

「私たちは共産党に声を上げる権利がある！」

砂川絢音さんは、人々の前でスピーチを始めた。

「神谷貴行さんは、不当なパワハラにより解雇されました！　これは労働者の権利を無視する行為です！」

「私も、密室で3人対1人の取り調べを受けました。それが『教育的指導』だなんて、おかしいでしょう！」

一方、羽田野美優さんも怒りの声を上げる。

「共産党は『労働者の党』ではないの？　なのに、労働者の権利を無視しているのはなぜ？」

彼女たちのスピーチは「砂川スピーチ」「羽田野スピーチ」として評判になった。本編に全文を掲載しておく。熟読してほしい。感じとってほしい。短いなかにほとばしる、彼女たちの熱い思いを。魂の叫びを。

現役党員らによる共産党に対する抗議宣伝活動は話題を呼び、彼女たちの叫びは、多くの人々の心を動かした。

新聞記者たちが取材に訪れ、ニュース記事として配信された。

SNSには彼女たちの勇姿が拡散され、一連のパワハラの告発以来の砂川絢音さんの闘いは「砂川闘争」と称されてネットを騒がせた。

（4）法律の盾

日本には、「公益通報者保護法」という法律がある。

この法律は、「組織内の不正を告発した者を守るための法律」だ。企業であろうと政党であろうと、通報者に対して不当な扱いをすることは許されない。

「私たちがやっていることは、公益通報です！」

追いつめられたのは日本共産党福岡県委員会であった。政党は議会を通じて法律を制定する側なのだから、どの組織よりも法律を守ることが求められているはずである。

それなのに、この組織がしたことは、公益通報の趣旨などはお構いなしに、彼女たちを無理矢理に排除することだった。

しかし、彼女たちは弾圧されても労働運動をやめなかった。

彼女たちは仲間と協力し、法律の専門家と協力し、党の違法行為を明らかにしていった。

「この問題を世間に知らしめれば、党は言い逃れできなくなる！」

（5）仲間たちの結集、未来へと続く道

彼女たちの行動は、多くの人々の共感を呼んだ。闇のベールに覆われていたハラスメントや人権侵害を行い続ける組織を告発したことは新鮮であり、鮮烈であった。

「私たちも声を上げよう！」

共産党の内外から、同じように不当な扱いを受けた人々が集まり始めた。

不当解雇された元党員、パワハラを受けた民青のメンバー、労働者の権利を守る法律家、不条理を許さない活動家たち。

「私たちはひとりじゃない！」

団結した彼らは、さらに大きな声を上げ、メディアにも働きかけた。メディアのなかにも、真実を伝える社会的使命を胸にした方々がいる。ハラスメントや人権侵害をとりあげてくださる方々が現れた。

砂川絢音さんと羽田野美優さんの行動は、多くの人々に勇気を与えたのだ。

「正義を貫くためには、恐れずに声を上げることが大切だ」

この物語は、勇敢な若者たちが不正に立ち向かう姿を描いたものである。

「黙るな、闘え！　正義のために！」

この章では、ハラスメントや人権侵害のない社会を求めて声を上げた、彼女たちの闘いの軌跡を追っていきます――。

1　人権侵害・不当解雇に対する抗議行動

(1) 世の声

私は、社労士会での研修会や学習会はもちろんのこと、私的な労働問題の学習会にも参加させていただいています。大学教授や社労士や弁護士や民間企業の労務担当者や労働組合役員らがメンバーです。

そのほかにも、様々な方々とひざをつき合わせてお話しさせていただく機会も多いです。

さて、松竹さん・鈴木さんへの除名が新聞やテレビで大きく取り上げられた際には、

「共産党は、党中央と違うことを一切いえずに、ただ規則に従うだけのロボットのような集団ですね」

「共産党って全体主義だから、表現の自由がないのは当たり前じゃん。何をいまさら」

「志位さんと松竹さんの路線問題もあって、政策が微妙に異なるから排除されたんでしょ。政治的な〝粛清〟ですよね」

などと、関心があっても冷めた見方をされる方も多くおられました。

しかし、神谷さんに対する不当な仕打ちは、一部の人たちが、自分たちの意に添わないからと神谷さんを狙い撃ちにして、執拗なパワハラを行い、不当解雇しているわけです。

これは、純粋な労働問題です。

日本国憲法や労働法の下、どこに所属していようと、理不尽な虐めやパワハラが許されてはならないのです。

「共産党は〝表現の自由の敵〟ではないかと感じ始めていましたが、これでは〝労働者の敵〟ではないですか。」

「共産党界隈の方や共産党系労働組合の方は、これほどまでにあからさまな不当解雇に対して、何の抗議もしないのですか？」

私が社労士として仕事をしている一方で、全労連系の労働組合役員もしていた経歴から、「論争」を挑まれた側面もあるのかもしれません。

しかし、共産党員も〝奴隷の群れ〟ではなかったようです。

これに対して、おかしいと声を上げた人がいます。それが「神谷さんへの解雇撤回などを求めた共産党・福岡県委員会前での抗議行動」です。

この抗議行動を企画・実行したのは、砂川さんや羽田野さんたちです（本書執筆の際にもご協力をいただきました）。

いずれも、自分の頭で考えることができ、感受性も強く、おかしいことをおかしいといえる方々です。

（2）真実を求める戦い

かつて、正義と平等を掲げると信じられていた日本共産党。しかし、その内部では、異論を持つ人が次々と排除される恐ろしい現実が広がっていました。

砂川絢音さんと羽田野美優さん――この二人の勇敢な女性は、そんな不条理な組織のなかで声を上げた英雄でした。彼女たちは理不尽なパワハラと不当解雇に立ち向かい、労働者の権利と人権を守るために立ち上がったのです。

彼女たちは共産党・福岡県委員会前で抗議行動を行い、神谷さんの解雇撤回を求めました。不条理に声を上げることは、人間として当然の権利です。

この宣伝行動は、「現役の共産党員が共産党に対して抗議行動を行ったもの」として大きな話題をとなり、マスコミにも取り上げられ、新聞にも掲載され、テレビでも放映されました。

まずは、お二人が行ったスピーチを紹介させてください。

（3）砂川絢音《すなかわあやね》さんによるスピーチ

日本共産党福岡県委員会の皆さんこんにちは。砂川絢音です。

今日は神谷さんの不当解雇について抗議に来ました。

ぜひ話を聞いてください。

神谷貴行さんの不当除籍、不当解雇を今すぐ撤回して謝罪してください。

神谷さんは、日本共産党福岡県委員会常任委員12名からのパワーハラスメントにより精神的な不調に陥りました。

何も責任を感じませんか？　神谷さんに謝罪をしましたか？

2023年5月には県委員長、書記局長、3人の副委員長による5人対神谷さん1人での「調査」が行われました。

神谷さん自身が「自分を追い込むのはやめてほしい」と伝えても、無視して5人での「調査」を続行しました。

そのせいで精神の不調に陥り、1ヶ月の休職を余儀なくされました。

この休職から復帰した際には、常任委員12人対1人で会議の場で追及され、吊し上げられています。

これにより再度体調が悪化し、さらにもう1ヶ月の休職を余儀なくされました。

そして、現在まで通院と服薬が続いています。

一度壊れてしまった心は、二度と元には戻りません。元に戻ったように見えても、心にはトラウマが残っています。

2023年8月には「調査のための、規約に基づく党員権利の制限」という名目で、党側から一切の党の会議への出席、職場への出勤、職場移転の手伝いや職場の党員との接触、民青のメンバーと行っていた自主的な資本論学習会への出席などを禁止されています。

規約の48条には「規律違反について、調査審議中の党員は、第5条の党員の権利を必要な範囲で制限することができる」と書かれています。

では党員の権利とは何でしょうか？

規約第5条から抜粋すると、

①党内で選挙し、選挙される権利がある。

②党の会議で、党の政策、方針について討論し、提案することができる。

③党の会議で、党のいかなる組織や個人に対しても批判することができる。また、中央委員会に至るどの機関に対しても、質問し、意見を述べ、回答を求めることができる。

④自分に対して処分の決定がなされる場合には、その会議に出席し、意見を述べることができる。

この4つだけです。

ですが、神谷さんは職場への出勤、職場の党員との接触、民青メンバーと自主的に行っていた学習会などへの出席を禁止されています。

プライベートまで制限するのは合理的な範囲を超えています。

これは「人間関係からの切り離し」ですし、休みの日に行っている学習会に干渉してくるのは「個の侵害」であり立派なパワーハラスメントです。

神谷さん以外にも、この福岡で、青年学生部の中年男性から女性の学生党員へのパワハラもありました。未払い賃金を求めて話し合いをしている学生へのパワハラです。

さらに、別の件で青年学生部員から元民青専従へのパワハラ。これも、会議の場で2対1での吊るし上げです。私の面前で行われて、私自身も多大な苦痛を感じました。

そして、日本共産党福岡県委員会常任委員から私へのパワハラ。おじさん2人対私での密室での「調査」です。

すごく緊張するし、怖いからやめてほしいと伝えたところ、おじさん2人に加えて女性の専従者、3人対私での「調査」になりました。

そして、党大会で、田村委員長から大山県議への結語もあれは立派なパワハラです。どうしてパワハラを指摘された際に受け止めて謝罪ができないんでしょうか？

パワハラを認めないから党内にハラスメントは存在しないという理論でしょうか？

党内問題として内部で解決しようとするから対応が後手後手ですし、ハラスメントにハラスメントを重ねることになっています。

今回の神谷さんのように幹部がパワハラを行った場合、誰が調査するんでしょうか？

パワハラは内部問題ではなく人権問題です。

中立の立場で調査し、判断できる第三者委員会が必要です。今すぐにでも第三者委員会の設置の検討を進めてください。

そして、神谷さんの除籍を撤回し、解雇も撤回して、今すぐ謝罪をしてください。

以上です。砂川絢音でした。

福岡県会議員選挙にも共産党公認で立候補した経歴を持つ砂川さんのスピーチです。砂川さんは「ゆるふわキャラ」で、若者らしいスタイルで「弱者の味方」という共産党の良い伝統を引き継いでいってくれる人のはずだったのだと思います。

私も民間企業で「ハラスメント防止委員会」の議長を務めていたりもするので、砂川さんのスピーチについて、少し補足させてください。

まず、そもそも、このような「規約」自体に内容の合理性があるかが疑わしいですし、「規約」にすら書かれていない人権侵害を平然と行ってしまっているので論外といえます。

〝この組織はいったい何なんだ〟と違和感を覚えます。

結論として、「調査のための、規約に基づく党員権利の制限」という名目で、党側から一切の党の会議への出席、職場への出勤、職場移転の手伝いや職場の党員との接触、民青のメンバーと行っていた自主的な資本論学習会への出席などを禁止するようなことは、紛れもなく「個の侵害」であり、パワーハラスメントに該当します。

（4）羽田野美優《はたのみゆう》さんによるスピーチ

日本共産党、福岡県委員会のみなさん、聞こえますか？

私は神谷貴行さんの不当解雇の撤回と復職を求める市民です。

日本共産党は一言一句、党の決定と同じことしか言ってはならない政党なのですか？一市民としては正直、会議や意思決定のプロセスの透明性があった方が信頼できます。私も共産党の政策の多くを支持していますが、意見が違う部分もあります。それは、党員も、議員も、少なからずそうなのではないかと思います。

何を支持して何を支持できないかは、それぞれが経験してきたことや考えてきたことから生まれる大切な違いです。

それを一律に規制して、一人ひとりが本心から考えていることを抑圧するようなことを日本共産党にはしてほしくない。ましてや、そんなことで党から排除して職も失わせるなんて許せません。日本共産党、福岡県委員会の皆さんがお忘れになっている規約の精神を思い出していただくために、日本共産党規約第2条の一部を読み上げます。

「日本共産党は、日本の労働者階級の党であると同時に日本国民の党であり、民主主義、独立、平和、国民生活の向上、そして日本の進歩的未来のために努力しようとするすべての人びとにその門戸を開いている。党は、創立以来の『国民が主人公』の信条に立ち、常に国民の切実な利益の実現と社会進歩の促進のためにたたかい、日本社会の中で不屈の先進的な役割を果たすことを自らの責務として自覚している。終局の目標として、人間による人間の搾取もなく、抑圧も戦争もない、真に平等で自由な人間関係からなる共同社会の実現を目指す」

「労働者階級の党」であるなら、労働者である神谷貴行さんをこんな無法な理由で不当解雇しないでください。

自分たちの政党の職員を「専従は労働者ではない」といって長時間過重労働させ、残業代を1円も払わないなんてやめてください。

そんな政党のどこが「先進的」なのですか？

今自分が行っている「人間による人間の搾取」が見えませんか？

「抑圧」が見えませんか？

今すぐこちらへ出てきて神谷貴行さんの解雇を撤回し復職を認め、謝罪してください。

人権の問題や平和の問題に取り組んでこられた羽田野さんのスピーチです。

羽田野さんのスピーチでは、はじめに、「神谷貴行さんの不当解雇の撤回と復職を求める」という目的を明らかにしています。

おさらいをしておくと、一部の幹部が「規約」を恣意的に運用解釈して松竹さんを除名したことに対して、神谷さんは「手続的におかしい」として処分の見直しを主張しました。

神谷さんも、まさか、〝いじめをやめるべきだ〟という発言がいじめられる原因となり、執拗な嫌がらせをされ続けるという〝中学生のいじめ〟のようなことが、公の政党で行われるとは思っていなかったはずです。

ところが、一部の幹部が「規約」を恣意的に運用解釈して意に添わない人を排除するやり方が、今度は神谷さん自身に向けられて、パワハラで精神疾患に追い込まれ、不当解雇されてしまったのです。

まさに、気に入らない進言をした人を「こんな連中」とレッテルを貼って粛清するやり方の犠牲者に、神谷さん自身がなってしまったのです。

羽田野さんのスピーチでは、「一言一句、党の決定と同じことしか言ってはならない」ような共産党の現実を告発しながら、不当なやり方で「排除して職も失わせる」ことに抗議しています。

さらに、次のような問題が指摘されました。

◇党の決定に反する発言をしただけで解雇される。
◇「専従職員は労働者ではない」と主張し、残業代を支払わない。
◇労働者の権利を守るどころか、自らブラック企業顔負けの働かせ方をしている。

まさに、矛盾を直視し、声を上げたのです。「こんなやり方は間違っている！」と。

共産党は「平等」や「自由」を掲げていますが、実態はどうでしょう？　党内で異論を唱えれば即刻排除される。それは、全体主義的な支配構造にほかなりません。

「先進的」だといいながら、現在の（コンプライアンスを意識して労働法は遵守する一般的な）民間企業のはるか後方に位置している……。

違法行為を意味不明のレトリックで開き直り、「人間による人間の搾取」や「抑圧」をなくすといいながら、実際には自分たち自身が「人間による人間の搾取」を行い、「抑圧」をしている……。

鋭い指摘です。「おかしい」ことを「おかしい」ということは人間として当たり前のことではありります。けれども、いいたいこともいえないこんな世の中で、当たり前のことを当たり前に行動に移せることに、心から敬意を表します。

2　不当な圧力と闘う～弾圧されても声をあげ、正義を重んじ誠実を貫く～

(1) 日本共産党の不正に立ち向かう勇者たち～組織の不当な圧力を跳ね返せ～

日本には、理不尽に立ち向かう勇敢な若者がいます。

砂川絢音さんと羽田野美優さん——彼女たちは、ただ真実を求め、公正な組織を築こうと声を上げました。しかし、共産党は、その声を封じ込めるために、彼女たちを除籍という名の粛清にかけ、「不当解雇撤回」を求める労働運動を弾圧したのでした。

そもそも、福岡県で起こったこの事件は、共産党傘下の組織でのパワハラを告発したことが発端でした。

砂川さんは、民青の福岡県委員長によるパワハラの実態を訴えたのです。そして、羽田野さんも声を上げます。

通常、こうした声は、問題の解決へとつながるはずです。しかし、共産党はどうしたか。パワハラを行った側ではなく、それを告発した側を排除する動きに出たのです。まるで、正義の声を上げた者を切り捨てるかのように。

（2）勇気ある声がもたらしたパワハラの嵐

すべては福岡で起こった、ある出来事から始まりました。砂川さんは、民青でのパワハラを告発しました。ところが、ハラスメントを指摘した人たちが不当に排除され、組織の民主主義が踏みにじられたのです。

理不尽な状況に立ち上がったのが、砂川さんと羽田野さんでした。砂川さんは、毅然とした態度で不正を告発し続けました。そして、羽田野さんは心優しいながらも強い意志を持ち、圧力にも屈せず声を上げました。

彼女たちの行動により、多くの人々がこの事件を知ることになりました。しかし、党はさらに強硬な態度をとり、秘密裏に代表者会議を開いて意見の異なる人たちを排除しました。すべての始まりは、民青福岡県委員会の代表者会議でした。本来ならば自由に意見を言い合う場です。この会議で、一部の有志たちが「県委員長Xさんはハラスメントをしており、役員としてふさわしくない」と声を上げました。彼らは民主主義にのっとり、不信任の意を示したのです。しかし、これが日本共産党福岡県委員会にとっては許しがたい「反逆」だったようです。党は驚くべき手段を使って、有志の排除に動きました。

日本共産党の強権的なやり口がここで発揮されます。党の理由はあまりにもこじつけでした。

「『Xさんの不信任を求めるチラシを配った』ことは、意見の違いによる組織的排除だ！」というもの。党は、「だから規約違反だ」と主張しましたが、これは法律的に見ても完全に無理があります。さらに驚くべきことに、日本共産党は「不信任の呼びかけは民主主義の破壊だ」と主張しました。しかし、そもそも民主主義とは、意見を自由にいえることが前提のはずです。気に入らない意見を封じ込め、対立する人々を排除することこそが、民主主義の破壊ではないでしょうか。

この事件は、民青という一青年組織の問題ではなく、日本の組織運営や労働環境のあり方にも深く関わる問題です。

そもそもハラスメントの告発がきっかけだったのですから、普通なら、組織はハラスメント問題を調査し、被害者を守るのが当然です。本来は、民青の県委員長のパワハラが実際どうなのか、というところが問われるべきであったのです。しかし、日本共産党の対応はまったく違いました。加害者側は不問に付されてパワハラを告発した側が「組織を乗っ取ろうとした」かのように妄想か陰謀論とも取れる奇妙なストーリーを共産党が描きます。

そんななか、神谷貴行さん不当解雇撤回などを求めた福岡県委員会での抗議行動に参加した砂川さんや羽田野さんが「除籍」されてしまいます。

（3）そして除籍という名の粛清

除籍に関して面白かったのは、砂川さんが除籍の文書を公開したことです。共産党側の支離滅裂で恥ずかしい文章が公開されてしまったのです。

そうすると、後になされた羽田野さんの除籍に関する文章は、公開されることがわかっているわけですから、より念入りな理由付けになっているはずです。

そこで、公平の観点から、後者の方を公開させていただきます（下線は筆者による）。

・羽田野　美優　様

日本共産党福岡県常任委員会は、同盟規約を守って活動する立場にあるべきあなたが、民青同盟福岡県委員会内で分派的活動を組織した行為について、権利制限を決定して調査を行ってきました。県常任委員会は3回の対面調査にもとづいて慎重に検討をした結果についてお伝えします。

（1）あなた（当時・民青県委員）は、2024年1月21日の民青県代表者会議において、民青県委員長を役員選挙で不信任にするよう呼びかける文書を作成し配布しました。これらの行為は、民青県委員会を破壊し、乗っ取ることを狙った分派的行動です。

（2）党県常任委員会は、あなたとそれに同調した人の行為は、党活動歴も浅く、若い青年たちによる誤りであることから、党規約と同盟規約の内容をよく理解してもらう教育的援助によって、党員として立ち直ることができるように努力してきました。その結果、活動に参加している党員もいます。

しかし、あなたは「規約の解釈があなたたちと私とでは違う。自分は規約違反にあたらない」と述べ、私たちと話し合った内容を勝手にSNSで公表しました。
さらに、9月7日には、党を除籍された神谷貴行氏にかかわって「不当解雇撤回」などと主張する宣伝行動を行いSNSで公表しています。

（3）党機関は教育的援助の努力をつづけてきましたが、あなたはそれを理解しようとせず、党規約に反する行為をつづけました。以上のことから、あなたは、党規約を守って活動する意思がなく、みずから党員の資格を失ったものと判断します。
党県常任委員会は11月26日、党規約第十一条「党組織は、第四条に定める党員の資格を明白に失った党員、あるいはいちじるしく反社会的な行為によって、党への信頼をそこなった党員は、慎重に調査、審査のうえ、除籍することができる」にもとづき、あなたを除籍とすることを決定しました。

2024年11月26日　日本共産党福岡県常任委員会

（4）法律家がみた、本件除籍の不当性

法律の専門家としてみた場合、本件除籍は不当であり、つっこみどころ満載です。ここでは、少しだけ指摘しておきたいと考えます。

①〈別組織で別ルールなのに…〉

まず、共産党と民青は別組織のはずですが、民青での行動について共産党から除籍されるという意味のわからないものになっています。

②〈ハラスメントを告発しただけなのに…〉

しかも、彼女らの行為を問題としているようですが、県委員長のハラスメント問題の提起がされたのは2023年9月のことです。ところが、ハラスメントの被害者側からは話を聞かず、加害者側を一方的に擁護し、まともな対応がされなかったわけです。

そのようなこともあり、2024年1月の代表者会議にて県委員長の不信任を呼びかけるチラシが配布される事態になったのです。

③〈役員選挙に関する民主主義に基づく活動をしただけなのに…〉

ここからは労働問題というよりは、民主主義の問題とも関連します。読者のみなさまの多くが主権者でしょうから、少しだけおつきあいくだされば幸いです。

そもそも役員選挙においてパワハラの加害者の再選を阻止しようとした行為が、「同調者」を「組織した」と悪いことのようにすり替えがなされています。これには、違和感しかありません。

組織の民主的な運営において重要なのは、少数意見が多数意見に転換する可能性が保障されているか否かです。ですから、役員選挙に関して、多数の賛同者を得るための活動は自由に行えなければならないはずです。

ところが、リアルな背景事情として浮かび上がってきたのは次のような光景です。この県委員長と一緒に活動しているなかでパワハラを目の当たりにした人も多かったようなのです。そんななか、「告発」が広まれば、実際にこの県委員長が不信任になる可能性が高まる状況にあったようです。これを党側は民主主義の破壊として批判し、遂には中央常任まで絡んだ異論排除の会議を開催し、強行突破をしたというわけです。

けれども、砂川さんたちが民主主義に基づいた選挙活動をして仲間を増やそうとしただけなのです。それなのに、党側は「民青県委員会を乗っ取ることを狙った分派的活動」だとする非常識な決めつけと論理のすり替えを行ってきただけでなく、上からの強硬な介入を行うことによって、組織内部でのなかの話し合いや役員選挙に関する民主主義を封殺したというわけです。いったい、どちらが民主主義を破壊しているのでしょうか。

④〈存在しない規定が適用されて、声を上げた者を排除するために用いられるなんて…〉

このように、ハラスメント対応の要請から生じたものを「分派的活動」だと除籍の理由にすること自体に違和感を覚えますが、それ以前に、そもそも民青の規約には分派禁止規定はありません。

これに対しては、分派が許されないのは明白だから削除した、と説明されているそうです。

存在しない規定が運用されて、声を上げた人を排除するために用いられているのです（ここでは省きますが、分派の禁止が民主主義と両立するのか、という問題点もあります）。

⑤〈「不当解雇撤回」の労働運動が、除籍理由になるなんて…〉

最後に、私が驚いたのは、次の除籍理由です。

党を除籍された神谷貴行氏にかかわって「不当解雇撤回」などと主張する宣伝行動を行いSNSで公表しています。

共産党は「労働者の党」だと喧伝してきたはずです。むしろ、労働運動を支援する側の立ち位置のはずです。

それなのに、神谷さんに対して、露骨な不当解雇を行っています。

それだけでなく、神谷さんの「不当解雇撤回」宣伝行動は、除籍の理由になるようです。

これでは労働運動に対する弾圧であり、ものもいえない恐ろしい組織だという印象を自分たちで強めている行為のように思われてなりません。

⑥〈イカサマの論理（サカサマの論理）〉

どのような組織にもホンネとタテマエがあるのかもしれませんが、あまりにも外に向かっていっていることと、内に向かって実際にやっていることの違いには驚かされます。

外向けにはハラスメント根絶を掲げながら、内向けにはハラスメント告発者を排除する。

外向けには自由と民主主義を掲げながら、内向けには自由を抑圧し民主主義に基づく運動を弾圧する。

外向けには労働者の党だと喧伝しておきながら、内向けには不当解雇を行い労働運動を弾圧する。

外向けには憲法や法律を守れといいながら、内向けには憲法や法律をないがしろにする。

あらゆる場面で、一般人には理解が困難なレトリック、イカサマの論理、サカサマの論理が用いられていると感じたのですが、みなさまはどのように感じられたでしょうか。

民青の幹部は共産党の党職員のようで、その点では一体性があるようですが、組織を飛び越えたルールが適用されている点は、やはり理解しがたいです。

次の項では（民主主義に関わる問題は除いて）労働法の観点から、一連の行為の法的観点からの問題点（違法な点）について、検討をしていきます。

3　組織側の行為は法的観点からはどのように評価されるか

（1）人権侵害であり法律違反

まず、組織と個人の関係について考える際には、「規約に根拠があろうがなかろうが人権侵害を行ってはならない」という大前提を認識しておかなければなりません。

組織のローカルルールが日本国憲法が定める基本的人権の保障より優先されるわけがないのです（公序良俗違反になります）。

そのうえで、不利益な処分が行われる場合には、実体と手続について、内容が正しいか、手続が正しいか、が厳正に問われます。

共産党の規約には「党の内部問題は党内で解決する」とあります。しかし、ここで問われるべきは、内部で解決するという建前のもとで、組織が人権侵害を行っていないかどうかです。

この一連の動きは組織によるパワハラであり、単なる組織の内部問題では済まされません。労働者や構成員の権利を踏みにじるものであり、日本の法律にも違反している可能性があります。

砂川さんは、除籍決定に際しても、彼女が「すでに除籍が決まっているのでは？」と尋ねたところ、党側は「決まっています」と答えたといいます。これは、「協議」といいながら、公正な手続きを無視した、独裁的な決定です。

共産党は様々な理由をつけて、党にモノを言う人々を排除するのが得意ですが、これは人権侵害であり、法律違反でもあります。

以下では（民主主義に関わる問題は除いて）労働法の観点から解説をしていきます。

（2）３重の意味でのハラスメント防止法違反

まず第１に、本件では県委員長のハラスメント問題の提起がされたのに、ハラスメントの被害者側からは話を聞かず、加害者側を一方的に擁護しています。法の趣旨に添った、まともな対応がされなかった点が、ハラスメント防止法に違反しています。民間企業であれば、「ハラスメント委員会」が開催され、加害者が組織のトップであるような場合には「第三者委員会」が開催され、協議がされ、報告がなされます。

第2に、共産党の砂川さんや羽田野さんに対する行為自体が明らかにハラスメント防止法が禁止する「パワハラ」に該当します。具体的には、次のような類型のハラスメントであるといえます。

- **精神的な攻撃**：告発者に対して「組織を乗っ取ろうとした」とレッテルを貼り、名誉を傷つけた。
- **人間関係からの切り離し**：除籍という形で、組織から排除した。

第3に、ハラスメント防止法では、職場や組織でのハラスメントを訴えることは正当な行為であり、これを理由に不利益な扱いをすることは違法ですにもかかわらず、ハラスメントを告発した人（声をあげた人）に対して組織的なハラスメントを行って（救済措置ではなく報復措置を行って）、除籍処分により組織から不当に排除しているわけです。ハラスメントを告発した人にハラスメントを加えて「鎮圧」し、排除する、というハラスメント防止法が「絶対にやってはいけない行為」としている禁止行為の具体例として、本件の共産党の仕打ちが挙げられる、ということができます。

法的には、3重に悪質なハラスメント防止法違反を行っていることになります。

(3) 公益通報者保護法違反

この間、パワハラやセクハラが問題になったビッグモーターなどのブラック企業や宝塚や芸能界の事件そのほかもろもろ、内部告発がきっかけだったはずです。今の倫理や道徳では、内部問題を外部に出すから処分などというのは反社会的団体くらいのものです。

また、公益通報者保護法でも、不正を告発した人が不当な処分を受けることを禁止しています。法律でもきっちりと保護されており、その強化が目指されているのです。

公益通報者保護法は、会社やお店などで法律に違反することが行われているのを見つけた人が、それを正直に知らせたときに、不当な扱いを受けないように守るための法律です。

たとえば、ある会社が食べ物の賞味期限を偽って売っていたり、お金をごまかしていたとします。それを見つけた社員や関係者が「これは悪いことだ！」と思い、国の機関などに通報をしたとします。そのとき、会社がその人をクビにしたり、いじめたりすることは許されません。

この法律があるおかげで、正しいことをしようとする人が安心して通報できるようになり、社会全体が安全で公正なものになるよう守られています。

そして、この法律の趣旨は民間企業だけでなく、政党を含めた様々な組織においても貫徹されなければならないはずです。

ところが、砂川さんや羽田野さんに対する弾圧は、公益通報者保護法の観点からも重大な問題があります。なぜなら、二人が声を上げたのは労働環境の改善のためだからです。

この法律は、不正やハラスメントを告発した人を保護するためのものです。砂川さんや羽田野さんは、パワハラの事実を告発したり、「不当解雇撤回」の声を上げたに過ぎないのです。共産党は、法律上正当な行為をした者を排除することで、労働運動を弾圧し、法律が守るべき告発者を圧迫した形となり、法の趣旨に反するばかりか、まさに法が禁じる違法行為そのものをしているわけです。

4　みなさまと共に考える

(1) 法律による救済

おかしいことに対して、おかしいと声を上げた人が不利益を受ける。そのような結果にならないために、法は救済措置を用意して、報復や不利益処分を禁止しています。でも、いつか職場やサークルで自分も同じような問題に巻き込まれてしまう可能性がないとは言い切れません。

日本の法律では、労働環境や組織運営において、不当な扱いを受けた場合には救済措置が用意されています。たとえば、

- ハラスメント防止法では、ハラスメントを告発した人への報復を禁じています。
- 公益通報者保護法では、不正を告発した人が解雇や不利益な処分を受けることを禁じています。

法は不合理な結果になることを防いでいるのです。

ですから、ご安心ください。

砂川さんや羽田野さんの行動は、法律にのっとった正当なものであり、法律的な観点から考えると日本共産党の対応こそが不正そのものなのです。法は、組織内の権力を利用して告発者を排除する行為を許さないのです。

つまり、党のやり方は法律の趣旨をないがしろにし、法的にも、倫理的にも到底許されるものではありません。救済措置ではなく報復措置を行っている時点で反社会的であるといえるかもしれません。

また、公益通報者保護法も、さらなる強化が目指されています。

このような問題を乗り越えるためには、私たち一人ひとりが声を上げ、不正に対して「ノー！」といえる社会をつくることが必要ではないでしょうか。

(2) 今回の件を通じて明らかになったこと

今回の件を通じて明らかになったのは、ハラスメントや不当解雇が行われた場合であってさえ、共産党が「思考を停止させる人」や「不正に沈黙する人」を重んじ、「正義の声を上げる人」を排除するという組織体質ではないでしょうか。

しかし、砂川さんも羽田野さんも屈しませんでした。彼女たちは、組織からの弾圧に負けず、除籍された後も沈黙しませんでした。彼女たちはＳＮＳや抗議行動を通じて、共産党の不正を世の中に訴えました。

そして、本書の執筆の際にも、快く取材に応じてくださいました。

「正義を求めることは、決して間違いではない」

そう信じているからこそ、彼女たちは声を上げ続けるのだと思います。その声は次第に広がり、多くの市民が共産党の実態を知ることとなりました。

(3) 未来への希望をのせて——闘いは続く

この闘いは、まだ終わっていません。しかし、一つだけ確かなことがあります。それは、彼女たちの行動は、単なる個人の問題ではなく、社会全体の問題として大きな意味を持つということです。どんなに強大な組織であっても、不正を許してはなりません。

この闘いは、共産党という閉鎖的な組織に対するものだけではありません。それは、すべての労働者、すべての市民が、理不尽な権力によって押しつぶされないための闘いでもあるのです。

そして、あなたが今この物語（事実に基づくノンフィクション）を読んでいることが、彼女たちの闘いが無駄ではなかった証拠なのです。真実を知り、声を上げること——それこそが、より良い未来をつくる第一歩なのです。

私たちができることは何か？

それは、こうした事実を知り、広めること。そして、正義のために立ち上がる人々を支えることではないでしょうか。さらにいえば、あなた自身が不条理に対して声を上げていくことができれば、さらに一歩世の中を進めていくことにつながると信じます。

おかしいことに対しておかしいと声を上げられた方々。そのような方々の勇気ある行動が、より多くの人々に届き、同じように理不尽な目に遭っている人々に希望を与え、世の中を少しずつでも変えていくことにつながりますように。

より良い社会の到来を願って、この章の締めくくりとさせてください。

この章も、最後まで読んでくださって、ありがとうございました。

第7章コラム　人間らしい苦悩と人間らしい選択

(1) 加害者側に立って被害者を抑圧するだけでなく、排除する組織

福岡の砂川絢音さんや羽田野美優さんは、当初、民青という組織でのハラスメント問題を告発していました。

ハラスメント対応として、重要なことをお話しさせてください。

ハラスメントの加害者と被害者がいるのに「どちらの肩も持たない」という対応をすることは、事実上、ハラスメントの放置にほかなりません。

結果的に、加害行為を黙認していることにしかならないため、ハラスメント防止法上も大いに問題があります。

福岡民青あるいは共産党がやったことは、結局、加害者側に立って被害者を抑圧する行為でした。何のためにハラスメント防止法が制定されたのでしょうか。

同時期に、神谷貴行さんに対する、パワハラ、不当解雇事件が併行して発生します。

そんななかで、砂川さんや羽田野さんは目の前の人権侵害に対して、神谷さんの不当解雇に対して、公然と抗議しました。

この章でもスピーチを引用させていただきましたが、彼女たちは、ただ、自然体で、内容も当たり前のことを当たり前に喋っているだけといえるかもしれません。

ただ、当たり前のことを当たり前にいうことが、勇気を必要とするということは、社会人の方であれば胸に落ちるのではないでしょうか。

いや、彼女たちは、やはり凄かったのだと思います。

砂川さんは、県会議員候補だったような人物です。羽田野美優さんも、抜群の行動力で、将来を嘱託されていた人物です。

別の生き方も選べたかもしれないのに。かくなれば、かくなるものと知りながら。

聡明な彼女たちは、この時点で、もろもろの古きくびきに別れを告げなければならないことを覚悟していたはずなのです。

そこにあったのは人間らしい悩みでしょう。

彼女たちが後悔するはずもありませんが、もはや想定通り、組織から排除されました。彼女たちは自分の良心に従ってパワハラや不当解雇に声をあげただけなのに……。

党側はパワハラに抗議した事実をねじ曲げて表現しているだけでなく、なんと神谷さんに対する不当解雇に抗議した事実を除籍の理由にしています。これが労働運動に対する弾圧でなくて何なのでしょうか。

共産党（あるいは民青）がやったことは、結局、加害者側に立って被害者を抑圧するだけでなく、排除する行為にほかなりません。ハラスメントを撲滅するのではなく、自ら、ハラスメントを推進しているとのそしりを免れません。

（2）栃木県のかぴぱら堂夫妻の「30年間」を想う

不条理に抗議をされた方は、砂川さんや羽田野さんだけではありません。ここでは、栃木県で共産党の民主的改革を求めて声をあげられた方を紹介させてください。

２０２５年1月1日を迎える直前、栃木県で書店を経営しているかぴぱら堂の夫妻（元鹿沼市議である露久保健二さんと美栄子さん）が共産党から除籍されました（２０２４年12月31日）。

夫妻は２０２４年8月から、Ｘ（旧ツイッター）で神谷さんの不当解雇などの党の対応に異議を唱えていました。

「内部問題を党外に勝手に発表するのは党規約違反だ」という理由ですが、何のことはない、夫妻は不当解雇に声を上げただけなのです。

夫妻は２０２５年1月18日に宇都宮市の党栃木県委員会の事務所前で処分不当を訴えました。この時の抗議行動および抗議記者会見が、共同通信や東京新聞、読売新聞の記事に掲載されました（２０２５年1月18日共同通信配信、２０２５年1月19日東京新聞、読売新聞掲載）。

「党員として30年以上活動していた」と書かれてある該記事を読んだとき、目の前の風景がにじみました。

考えてみてほしい……のです。

その30年間、夫妻がどのぐらいの時間を党活動に費やしたのかを。

その30年間、夫妻がどれだけの党費や新聞代を支払ってきたのかを。

その30年間、夫妻が暑い日も寒い日もどれぐらいの枚数の新聞をどのような思いで配り続けたのかを。

その30年間、夫妻がどれだけの人たちとひざを交えて対話をし、選挙活動をしてきたのかを。

その30年間、夫妻がどれくらい共産党に期待し、人生を賭けて活動をしてきたのかを。

夫妻は共産党に良くなってほしいからこそ提言し、意見をし、その結果、除籍されました。

だがしかし、夫妻が30年間も人生を賭けて活動してきたにもかかわらず、紙切れ一枚で排除する組織とは何なのでしょうか……。私には、とても正視できません……。

（3）人間らしい苦悩と、人間らしい選択を、私は絶対的に支持する

献身的に党を支えてきた人たちが、組織内でのトンデモナイ人権侵害を告発した途端、紙切れ一枚で報復のように排除する政党。

このような恐怖政治を行う政党が、万一、国家権力の片隅にでも入ったら……。この国に生きる者としては、無関心でいられれても、決して無関係ではいられない事柄のはずです。

この政党に巣くう妖怪を退治しない限り、正視できないことは、理不尽にも、まだ続けられるのでしょうか……。

多くの人が思うはずです。不当なやり方に抗議して共産党から除籍される人の方が、人権侵害を見ぬふりをする者より遥かに人間として輝いている、と。

とはいえ、このような不条理に抗議をされた方々にも、たくさんの葛藤があったはずです。兵庫県の蛭子智彦さん（南あわじ市議）、福岡県の神谷貴行さん、砂川絢音さん、羽田野美優さん、栃木県のかぴぱら堂の夫妻（元鹿沼市議露久保健二さんと美栄子さん）。

それらの方々の行動は、自分が所属した、かの組織を放逐される覚悟を決めたものにしかできない行動であったのです。それは、自分が構築してきた地位や立場や様々なものを投げ捨てることも意味していたはずです。

それでも、それらの方々は、不条理に対して沈黙するのではなく、行動することを選びました。

人間らしい苦悩と、人間らしい選択を、私は絶対的に支持します。

羽田野美優さんのX　https://x.com/miyu_hatano/status/1867476848277643765
２０２５年１月19日共同通信配信記事、２０２５年１月19日東京新聞、読売新聞掲載記事　https://
news.yahoo.co.jp/articles/558aa88ba2de91cdab1a52ee7500aed8beb98a38?source=sns&dv=sp&mid=ot
her&date=20250118&ctg=dom&bt=tw_up
https://www.tokyo-np.co.jp/article/380106

第8章　労働者の賃金を未払いにする政党 ～民青・共産党残業代不払い・各種の問題～

序　本邦初！　政党職員の労働者性に切り込む

(1) 闇に挑む者たち

油鳥（あぶらとり　ハンドルネーム）さんは、ごく普通の労働者だった。いや、正確にいえば、日本共産党の職員という立場にありながら、日々の労働環境に疑問を抱く者だった。

日本共産党――「労働者の味方」を名乗るこの政党の内部では、実は信じがたい労働基準法違反が横行していた。長時間労働、残業代未払い、ハラスメントの横行、心や体を壊して退職をしていく人も多かった。

さらには、物言えぬ空気が職場を支配し、執行部の手続に意見をしただけで、パワハラを受け、除籍処分、さらには不当な解雇が行われるのを目の当たりにした。

「こんなことが許されるのか?」

油鳥さんの心のなかで、静かに怒りの炎が燃え上がった。

(2) 違法労働の現場

日本共産党の福岡県委員会では、

- **9時30分から17時30分までが公式の勤務時間(実際は21時、22時までの長時間労働)**
- **週6日勤務が当たり前**
- **36協定(時間外労働の制限を定める協定)の未締結**
- **労働基準法に違反した就業規則の存在**

といった労働基準法違反が、まるで当然のことのように行われていた。

たとえば、労働基準法第32条では「1日8時間、週40時間を超える労働は禁止」とされているが、日本共産党の職員たちは平気で「1日12時間労働」を強いられていたのだ。そして、残業代は1円も支払われていない。

(3)「労働者の党」の裏側

日本共産党は、表向きには労働者の権利を擁護すると主張している。実際に、党の政策には「ブラック企業根絶」「残業代未払いの企業には2倍の賠償を義務付ける」といった内容が含まれている。

つまり、共産党は「我々は労働者の味方だ」と公言していたのだ。しかし、党自身が党職員に対して労働法を守っていないという矛盾が露呈した。

ある専従職員の証言によれば、「専従は労働者ではなく、革命のために働くのだから、労基法の適用外だ」と幹部からいわれたという。これは、ブラック企業が「やりがい搾取」として使う詭弁とまったく同じロジックである。

「こんなの、イリーガル企業と同じじゃないか！」

対外的に労働者の党を標榜しながら、この組織は、対内的には労働者の権利を踏みにじっている。単なる欺瞞ではないのか――。

油鳥さんは、胸の奥底から湧いてくる熱い憤りを感じた。

(4) 声を上げる勇気

労働基準法は、労働者が正当な賃金と労働環境を確保するために存在している。

しかし、日本共産党はこれらの法律を「党内の問題だから」と無視し続けた。

挙げ句の果てに、正当な主張に対して「圧力」をかけることすらしてきた。

だが、油鳥さんたちは屈しなかった。

「党が法律の上にあるわけではない！」

油鳥さんは法律の専門家とともに労働者の権利を守るために闘う決意を固めた。

油鳥さんは仲間たちとともに、立ち上がった。行政へ告発し、福岡中央労基署はこの告発を受けて調査を開始した。

そして、まさに歴史上初めて、日本共産党（福岡県委員会）に労基署が入り、是正勧告を出したのだ。

（5）違法を許さないための社会的包囲網をみんなの手で

告発を通じて、日本共産党の労働環境の闇が白日の下にさらされた。

「共産党だけの問題じゃない。日本中のイリーガル企業をなくすための闘いだ！」

油鳥さんの告発は、多くの労働者たちに勇気を与えた。

「違法を許さないための社会的包囲網をみんなの手でつくろう!!」

仲間たちとともに、包囲網をつくるための闘いが始まった。

「まずは証拠集めだ!!」

＜共産党の就業規則の状況＞および**＜共産党の36協定の状況＞**は、まさしく、共産党への労基署からの是正勧告を受けてのものであり、労基法違反があったことの純然たる証拠である。

この一連の動きに対し、日本共産党の幹部たちは驚愕した。

本来、違法であれば是正をするのが筋だ。みまごうことなき労働基準法違反なのだから。

だが、この党は正しい方向に向かおうとはしなかった。逆に、労働基準法を適用する方向ではなく、「一般の労使関係とは異なる」などと支離滅裂な言い訳をして迷走をし始めた。

これらの言動をすること自体が、残念ながら、違法行為が全国的に行われていることを伺わせる証拠である。

「よし、調査だ!!」

砂川さんや羽田野さんも加わり、共産党職員の実態を探るため、労働環境調査を実施した。

それをまとめた＜**労働環境調査の結果**＞では、100％の割合で労働基準法違反がみられ、「残業をしたことがある人」が「残業代を支払われた」割合は0％という衝撃の結果が出た。

「日本共産党は労働基準法違反の常習犯じゃないか」

仲間たちの間で疑問が生じた。

「ほかの政党は政党職員をどのように位置づけているのかな。共産党以外にも政党職員を労働者として扱っていない政党は存在するのだろうか」

さらに、きたちゃん先生（著者の愛称）も加わり、主要8政党に「党職員の実態調査アンケート」を試みた。そして、一つの政党を除く全ての政党から回答を頂いた。唯一、回答がなかったのは……日本共産党だ。

主要政党への政党職員の働き方に関する回答をまとめた＜**8つの政党職員の労働者性まとめ**＞では、共産党以外のすべての政党が、すべて政党職員を「労働者」として扱っており、政党職員に労働基準法を適用しているということが明らかになった。

きたちゃん先生は、さらに、「顔の見える」（つながりのある）複数の現役職員と複数の元職員からのヒアリングを実施した。たくさんの方にご協力をいただいた。

浮かび上がってきたのは、日本共産党だけが政党職員を「労働者」として扱わず、労働基準法を適用していないというリアルな実体だった。

（6）イマドキの常識からみて、非常識なのはどちらか

政党が法律違反をしていることの重大性はいうまでもない。

労働環境の闇に光を当てること。異常な労働犯罪を許さないこと。それこそが、すべての日本の労働者の権利の向上にも資する途《みち》であると信じるからこそ。

違法かつ反社会的な言動をしているのはどちらなのだろうか。

イマドキの常識からみて、非常識なのはどちらなのだろうか。

これは、共産党の闇に挑んだ勇者たちの物語である。

本章では、労働基準法違反の是正を求めて声を上げた、彼らの闘いの軌跡を追っていきます——。

（この章は、実際の告発内容を元に構成されており、法律の知識を交えてノンフィクションとして描かれています。）

1　油鳥さんらの闘い——日本共産党の労働基準法違反を告発する

（1）赤い理想と黒い現実～衝撃的な全国ニュース～

２０２５年、福岡県から衝撃的な全国ニュースが飛び込んできました。日本共産党（福岡県委員会）への労働基準監督署からの是正勧告。史上初の政党へのメスは、党内の不正な労働慣行を告発した勇敢な労働者たちの闘いの結晶でありました。

告発の中心に立ったのは、油鳥さん。彼は、過去４年間、共産党（福岡県委員会）で雇用されていた民青（福岡県委員会）担当の職員であり、現役の共産党員かつ民青同盟員です。

油鳥さんは、党の職員（専従職員）として働くなかで、労働法違反が常態化していることを知り、これを公にすることを決意したのです。

日本共産党――「労働者の党」を掲げ、資本家の搾取と闘い、労働者の権利を守ると標榜する政党です。しかし、その内部では、長時間労働、未払い賃金、ハラスメントが横行していました。これは一部の企業が行ってきたイリーガル労働の問題ではありません。政党そのものが、労働法を軽視し、労働者を酷使する組織となっていたのです。

（2）内部告発の決断

油鳥さんは、勇気をもって共産党の実態を告発することを決意しました。しかし、その決断は簡単なものではありませんでした。

共産党内部では、正当な権利主張ですら「利敵行為」として扱われ、除名・除籍の対象となる可能性があったからです。

しかし、彼は信じていました。「労働者の権利は、誰であれ守られるべきだ」と。

彼は労働基準監督署に訴え、記録を提出しました。労基署はこれを受け、日本共産党福岡県委員会に是正勧告を行ったのです。

(3) 日本共産党(福岡県委員会)への労基署からの是正勧告

本書の第9章には、資料として、〈共産党の就業規則および36協定の状況〉(共産党への労基署からの是正勧告)が収録されています。

ここでは、是正勧告の内容について、簡単に紹介させていただきます。

① 労働基準法に違反する有給規程を作成していた。
② 労働時間を超過すると残業代が発生することを理解していなかった(そもそも報告の労働時間が虚偽である疑いが濃厚ではあります)。
③ タイムカードを導入せず、客観的な労働時間管理をしていなかった。
④ 36協定を締結せず、違法な長時間労働をさせていた。

ほかにもありますが、要するに労働犯罪のオンパレードです。

福岡中央労働基準監督署が、共産党(福岡県委員会)に対して是正勧告を出したのは、常習的な労働犯罪が行われていたからです。ここからは、専門家として法的観点から共産党の労働問題について検討していきます。

2　共産党の労働問題を法的観点から分析する～労働基準法違反～

(1) 日本共産党の【労働条件通知書交付義務違反】

まず、共産党（福岡県委員会）は、労働条件通知書を労働者に交付していませんでした。労働条件通知書交付義務違反という労働犯罪をしていたのです。

油鳥さんも労働条件通知書をもらっていませんでした。自分の労働条件すらわからない無権利状態におかれていたのです。

労働基準法第15条では、使用者は労働条件通知書を労働者に交付することを義務付けています。

(2) 日本共産党の【就業規則届出義務違反】

次に、共産党（福岡県委員会）は、２０２４年9月20日時点（以下同じ）で、就業規則を労働基準監督署に届け出ていませんでした。就業規則届出義務違反という労働犯罪をしていたのです。

油鳥さんも就業規則をもらったことも見たこともありませんでした。

労働基準法第89条には、「常時10人以上の労働者を使用する使用者は、就業規則を作成し、所轄の労働基準監督署長に届け出なければならない」と規定されています。

（3）日本共産党の［労働時間に関する5重の違法行為——過労死させる寸前の長時間労働］

日本共産党（福岡県委員会）の就業規則では、以下のように労働条件が記載されていました。

勤務時間：9時30分~17時30分
休憩時間：12時00分~13時30分
1日の実働労働時間6時間30分×週6日勤務
休日：日・祝

これを見て、「週6日勤務だけど、17時30分に帰れるのならいいや！」と思ったアナタ!!

それだけでは労働基準監督署が是正勧告を出したりはしませんし、共産党が追及に対して回答をせず逃げまわったりしません。

この職場では、実際には週6日勤務のうちの週5日は、実働労働時間は11時間から12時間でした。夜の21時か22時までの勤務で、休憩がないという労基法違反が常態化していたのです。

これだけでも過労死ラインを超えている、殺人的労働条件です。

さらに、繁忙期である11月などは、週6日とも10時~24時の勤務を行っていました（実働14時間）。

ここでは、過労死させる寸前の共産党の5重の労働時間違反について解説していきます。

①法定労働時間の原則を無視する違法　［法定労働時間違反］

労働基準法では、１日８時間、週40時間以上の労働をさせることは犯罪になるのが原則です（労基法32条）。

油鳥さんの労働実態は「１日８～12時間、繁忙期は１日14時間、週63～68時間」であり、法定労働時間を大きく超えるものでした。

②協定の締結も届出もしていない違法［36協定締結違反］

例外的に、36協定を締結して労基署に届出をした場合には処罰されないという免罰的効果があります。

しかし、日本共産党福岡県委員会は36（サブロク）協定を締結していませんでした。

残業させること自体がそもそも違法であり、労働犯罪を公然と行っていたというわけです。

③（仮に協定の締結や届出をしていたとしても）
限度時間を超えた働かせ方をしている違法［一般条項違反］

仮に、36協定を結んでいたとしても、「残業時間は月に45時間、年に３６０時間以内」という制限があります。

本件では「法定労働時間を超える労働が月92～１１２時間以上」であり、完全に限度時間を超えているので、違法な労働犯罪となります（【一般条項違反】）。

④（百歩譲って特別条項の要件を満たしたとしても）
特別条項の限度時間を超えた働かせ方をしている違法　［特別条項違反］

本件では、特別な残業が必要となる特殊な場合ではないので、特別条項の要件を満たさないと考えられます。

百歩譲って特別条項の締結が合法であったと仮定してさえ、過労死ラインを超えた過労死寸前の働かせ方をしているので、絶対にアウトです。

本件では、「月45時間を越えることができるのは年6回まで、かつ月に100時間未満、かつ2～6ヶ月すべての平均が80時間以内」という上限規制を超過しているため、労働基準法違反になります（【特別条項違反】）。

⑤過労死させる寸前の違法な長時間労働

本件では、法定外労働時間が月80時間という、いわゆる過労死ラインを超過しており、過労死防止法の観点からも、人命尊重という観点からも、絶対に許されないものです。

過労死防止法の制定に賛成していただき、ブラック企業の告発に協力をしていてくれていた政党が、「過労死ライン」を超える殺人的な働かせ方、過労死させる寸前の違法な長時間労働時間をさせていたわけです。

（4）日本共産党の［賃金未払いという労働犯罪］

労働基準法第37条は、時間外労働に対する割増賃金の支払いを使用者に義務付けています。残業代の支払い（割増賃金の支払）は、労働者の長時間労働に対する、使用者側への唯一の歯止めといってもいいものです。割増賃金の支払いが、労働基準法上、長時間労働に対する使用者側への抑制となっているのです。

この裏返しとして、いわゆるブラック企業では、「長時間労働」と「残業代未払い」という2つの違法行為がセットになっていることが特徴的です。

共産党は「労働者の党」を標榜して、ブラック企業を批判しています。ところが、共産党は自らが雇用する職員に対しては過労死させる寸前の違法な長労働時間をさせる一方で、割増賃金どころか、時間外労働時間に対応する賃金そのものを一切支払っていなかったわけです。いずれも労働基準法に完全に違反する労働犯罪です。

ブラック企業に似ているどころか、ブラック企業のやり方そのものです。

（5）日本共産党の［労働時間に関する5重の違法行為］と［労働条件通知書交付義務違反］［就業規則届出義務違反］［賃金未払いという労働犯罪］からわかること

ここまでみてきたように、日本共産党の労働時間に関する5重の違法行為からわかることは、この党がどのような切り口でも言い逃れができない労働犯罪を行ってきたということです。
まさに、過労死させる寸前の長時間労働をさせておきながら、共産党は自らが雇用する職員に対しては、割増賃金どころか、時間外労働時間に対応する賃金そのものを一切支払っていなかったわけです。
さらに、労働条件通知書を労働者に交付していないのも、意図的に組織での働き方が違法だという認識を持たせないために、労働条件通知書を交付せず、自分たちの労働条件すらわからない無権利状態においていた可能性があります。
同様に、労働基準監督署から是正勧告を受けないために初めから意図的に就業規則を提出しなかったのではないかとの疑いすら生じます。
いずれにせよ、「労働者の党」を喧伝している組織内において、常習的な労働犯罪が行われていたわけです。
労働基準法は、労働者を守るために存在します。しかし、日本共産党（福岡県委員会）は、法律を無視していました。
• 36協定（労働時間の上限を定める協定）を締結していなかった
• 残業代は一切支払われていなかった
• 長時間労働（1日12時間、月１００時間以上）が横行していた
これらは、一般の企業が行えば即座に行政指導が入るだけでなく、無視すれば書類送検されることもありうる重大な労働犯罪です。

共産党は、過労死防止法の制定に賛成していただき、ブラック企業の告発に協力をしていてくれていました。その同じ政党が、他方では、労働者を欺き、行政（労基署）を欺き、主権者（国民世論）を欺き、正当な賃金を支払わず、「過労死ライン」を超える殺人的な働かせ方をさせていたわけです。

3　労働犯罪団体の暗部に迫る

（1）労働者の敵（?!）

労働者の権利を掲げる日本共産党。その党が自身の内部で労働法規を遵守していない。このような二枚舌（ダブルスタンダード）が世の中に知られるようになったのは、抑圧された党員が声を上げたからこそです。

これまでも新聞記者にキレたり、新聞社の「プレスの自由」や「報道の自由」に介入するような言動を行ったり、「出版の自由」を事実上妨害しパワハラを行ったり、「表現の自由」の敵という側面はみせていました（第5章参照）。

しかし、これでは「労働者の敵」といわれても仕方がありません。外向けの理念と内部で真逆のことをやっている組織が、社会的に信用されるのでしょうか。

(2) 共産党の労働犯罪は全国で行われているのか

共産党の労働犯罪は全国で行われているのでしょうか。労基署の指導が入ったのは福岡県でしたが、福岡県は共産党にとって、県委員長が中央幹部会委員に常時任命されるなど、まさに党本部と一体の地域です。この福岡県委員会内部で、除名や除籍やパワハラ問題が多発しているのは、まさに組織全体の体質を現しているともいえます。

また、民主集中制を採用しているこの政党でほかの地域では労働基準法が守られているとは考えにくく、その後の党幹部による支離滅裂な言動はその証左ともいえます。

とはいえ、内部事情を話しただけで「利敵行為」扱いをするこの政党において、外部の人にはわかりにくいのも事実です。

そこで、①共産党の職員の働かされ方、②共産党関連団体の職員の働かされ方、を調査することによって、共産党系団体の職員の労働環境にあるのか、を調べました。

さらに、共産党以外の政党は、政党職員を労働者として扱い労働基準法を適用しているのか、について、政党本部にアンケート（内容証明郵便）を送付して、回答を求めました。

その結果は、日本の政党のなかでも、日本共産党だけが政党職員を「労働者」として扱わず、労働基準法を適用していないという異常な労働犯罪を行っていることが推測されるものでした。また、共産党だけが内容証明郵便に対する回答を完全に拒否してきたことも特徴です。

（3）「4つの資料」と調査結果から浮かび上がる常識、共産党の非常識（異常な労働法違反）

本書の第9章は「政党職員の労働環境の現在地」という表題でレポートをまとめました。これは各資料をもとに、様々な角度から調査を実施することによって、より深く実体を理解しようと試みたものです。ここには、次の「4つの資料」が収録されています。

①＜日本の8つの政党職員の労働者性について＞
②＜労働環境調査の結果＞
③＜共産党の就業規則の状況＞
④＜共産党の36協定の状況＞

いずれも、史上初、本邦初公開ともいえる内容です。資料的価値も高いので、ぜひ、ご一読ください。

ここでは、この調査内容と調査結果について、解説をさせていただきます、

①＜日本の8つの政党職員の労働者性について＞

私たちは、本書執筆の際、政党職員を「労働者」として扱っているか、政党職員に労働基準法を適用しているのかなどの6つの質問について、次の文章を送付して、各政党本部にアンケート（内

容証明郵便）を送付して、回答を求めました。

執筆中の著書にて「各政党における政党職員の扱い」をまとめたいと思い、連絡をさせて頂きました。

政党を取り上げさせていただきますのは、「ルールを作る側がルールを守っていなかった」というようなことがあってはならないという思いと、日本で特定の政党が自分たちの政党職員に労働基準法を適用していないことを示唆した記事が掲載されたことによります。

そこで、日本の政党全般はどうなのだろうと調査させていただく次第です。

私たちの論考では、労働問題への立ち向かい方を初心者にもわかりやすく示すこと、労働者として扱われていない労働者の存在を可視化することなどを目指しております。

著書にてご紹介させていただきたいので、ぜひとも、調査にご協力をお願い申し上げます。

【質問（6点）】

①職員を「労働者」として認識し扱っているか

②職員に労働基準法を適用し、法令順守しているか

③就業規則はあるか

④政党職員に社会保険（雇用保険・健康保険・厚生年金）はあるか

⑤政党職員に労働組合はあるか

⑥平時と選挙時の労働時間のバランスは、具体的にどう取っているか

以上、ご回答のほど、よろしくお願いいいたします。

北出茂（特定社会保険労務士・作家）、羽田野美優（助手）

この政党アンケート調査は、8つの主要政党に送付しました。

8つの主要政党とは、①自由民主党、②公明党、③日本維新の会、④立憲民主党、⑤国民民主党、⑥社会民主党、⑦れいわ新選組、⑧日本共産党です。

そして、日本共産党を除くすべての政党（7つの政党）から回答をいただきました（第Ⅲ部にも、資料として収録しています）。各党とも党本部のお名前でしたが、公明党は総務局のお名前で、社会民主党全国連合は総務企画局長・中島修さんのお名前で、国民民主党は幹事長・榛葉賀津也さんのお名前で次のとおり回答をいただきました。

国民民主党幹事長　榛葉賀津也

いただいた質問状について、回答いたします。

弊党はそれぞれの職員と雇用契約書を締結しており、当然労働者として認識しております。当然社会保険も完備しております。労働基準法第89条に則り、就業規則を作成し、労働基準監督署に提

出しております。
労働組合は現在のところございませんが、労働者の過半数を代表する者と36協定を毎年締結して届出しております。電子的な勤怠管理システムにより労働時間管理も行い法令遵守に努めています。

このように、共産党以外のすべての政党が、すべて政党職員を「労働者」として扱っており、政党職員に労働基準法を適用している、と解答しています。

「労働者の党」であるはずの共産党だけは、内容証明郵便に対しても回答をしないばかりか、電話取材についても「ノーコメント」でした。

８つの政党職員の労働者性をまとめると、共産党だけが政党職員に対して労基法を適用しないなどの労働犯罪を行い、労基署から是正勧告を受け、内容証明郵便に対しても無視を行っているということになります。

それだけでなく、共産党の幹部の方々は、あたかも政党職員が労基法上の「労働者」ではないかのような法的には認められない説明をマスコミに対して行い続けています。

実態調査からも労働者性は明らかです。労基署が入っているので、行政も政党職員を「労働者」だと認定しているということです。さらには、共産党自身が政党職員に対する社会保険という国の制度は享受し、解雇する場合には解雇通知書を渡しています。いずれも、労働者であること、雇用契約であることを前提とするものです。

主要政党への政党職員の働き方に関するアンケートからわかることは、ほかの政党との比較で浮かび上がる、日本共産党という政党の独りよがりの非常識性です。

「労働者の党」を標榜している一方で、明らかに、共産党だけが非常識で、異常な労働犯罪を続けているといえます。

②〈労働環境調査の結果〉について

私たちは、本書執筆の際、共産党の政党職員や共産党関連団体の職員を対象としたアンケート（労働環境調査）を実施しました。

この内容をまとめたのが〈労働環境調査の結果〉です。

ここでは、実に100％の割合で労働基準法違反がみられました。日本共産党の労働基準法違反は著しいといえます。

共産党の職員が極めて長時間の残業を行っているにもかかわらず、それに対する「残業代は払われていない」のです。

「残業をしたことがある人」が「残業代を支払われた」割合は０％です。

過労死防止法を制定した際のお話もさせていただきましたが、なぜ私たちが長時間労働の是正を求めてきたか、なぜ労基署が長時間労働の取り締まりに躍起かといえば、長時間労働は健康を害するからです。

そして、その唯一の歯止めとなるのが残業代の支払い（割増賃金の支払い）なのです。

これでは歯止めがなく、共産党や労働組合などが裁量労働制の拡大に反対するときにスローガンとして掲げてきた「定額制働かせホーダイ（放題）」をまさに地でいくやり方です。

「労働者」を「専従」という名称で呼ぼうが、「労働」を「活動」という名称で呼ぼうが、ブラック企業顔負けの詭弁を使おうが、健康を害する危険性は何ら変わらないのです。

過労死防止法や労働基準法の観点からも、法的にはもちろん、社会的な観点からも、幾重にも、この党の言い分は通用しません。

詭弁を弄して、長時間低賃金で働くことを求め、人を使い潰すことをも厭わない。見えてくるのは、そんなイリーガルな組織の実態です。

労働基準法には、適用に関して、政党を除外する規定はありません。それなのに、このような労働犯罪をやめさせなくていいのでしょうか。

こんなやり方がまかり通れば、日本国中のブラック企業が、日本共産党のマネをしかねません。

③〈共産党の就業規則の状況〉について

共産党への労基署からの是正勧告を受けてのものです。労基署からの是正勧告が行われる前の共産党の実態の証拠となるものです。共産党福岡県委員会には就業規則が存在しなかったことを示しています。

④〈共産党の36協定の状況〉について

共産党への労基署からの是正勧告を受けてのものです。労基署からの是正勧告が行われる前の共産党の実態の証拠となるものです。共産党福岡県委員会には36協定が存在しなかったことを示しています。

4　イリーガルな組織としての共産党（党職員に聞く）

（1）共産党の現役の政党職員にきく

本書第9章に収録させていただいたようなアンケートや調査は有用ですが、生の声からはよりリアルな実体が浮かんできます。

また、本書の執筆協力者の一人である油鳥さんも、現役党員かつ党職員（いわゆる専従）の経歴を持つ方でした。

そのほかにも、本書執筆にあたり、複数の共産党の政党職員（元職員・現役職員）の方に取材いたしました。いずれも、低賃金長時間労働であり、残業代が支払われていない点は共通でした。

そこで、共産党に雇われている党職員である若井さん（現役党員であるため仮名）に質問をしてみました。

＜共産党における職員の働き方＞について、微妙なニュアンスを含めて、タブーに迫ってみました。

①労働時間について

【質問】共産党の専従の労働時間はどのくらいなのかな?

【回答】朝から晩まで。輪番制で泊まりもあるし。「24時間専従」と上からはいわれているので。

【質問】「24時間専従」!! 「24時間死ぬまで働け」と従業員に告知して、実際に従業員を過労死させた、どこかのブラック企業（ワタミ）を彷彿とさせるね。

【回答】「おまえらは24時間専従なんや」といわれて、労働時間という概念を持つことが悪いかのように植え付けられます……。

②未払残業代（賃金不払い）について

【質問】それで、共産党の専従には今でも残業代は出てないのかな?

【回答】どこの地区委員会でも都道府県委員会でも支払われていないよ。残業代を支払われない時間は「自主的」に仕事をしている時間だといわれたりします。

【質問】定時以降は「自主的」な労働時間だといって残業代が支払われない。それ、まるっきりブラック企業（イリーガル企業）が展開していた理屈と同じですよね。法律上も、判例上も、一切通用しない理屈です。「労働者の党」がそのような屁理屈をいっているようでは、残業代を支払っていないような悪い会社、違法な企業を追及できないのでは?

【回答】う〜む。

【質問】搾取ではないの?

【回答】形を変えた搾取かもな。

③宿泊（深夜残業代の未払い）について

【質問】輪番制の泊まり（宿直）もある……緊急時には対応をしなければいけない以上、法律上は労働時間に該当します（大星ビル管理事件・最高裁平成14年2月28日判決参照）。そうすると、泊まり込んでも深夜残業代が出ないわけですか？

【回答】そもそも残業代が支払われないので、深夜残業代も支払われません。ただ、泊まりに関しては地区委員会によっては手当が出たりします。

【質問】それは初耳です。詳しく…。

【回答】泊まりに関しては、地区委員会によって変わります。

A地区委員会では、一般勤務員（党職員）には1000円。地方議員（議員専従）には0円（なし）。

B地区委員会では、泊まりをしたら1泊3000円。

C地区委員会では、泊まりをしても全員0円（なし）。

【質問】でも、それだけしか支払われないのでは、深夜残業代はおろか、残業代自体を支払っていることにはならないですよね。泊まり込んだ場合には（基本賃金も割増賃金も支払われず）少額の手当だけが支払われるということですか？

【回答】そうだと思います。

④勤怠管理について

【質問】勤怠管理は行われていますか？

【回答】いや、いい加減で適当だと思います。泊まりに関してだけでも、人によっては地区委員会での「宿直回数」が都道府県委員会に報告する段階で減らされているから。

【質問】それはハラスメントなのか嫌がらせなのか……。いずれにせよ、福岡でも「勤怠管理」を怠っていることに関して、労働基準監督署からの是正勧告が入りましたからね。

【回答】勤怠管理をしないことによって「客観的証拠」を残させずに、残業代請求のハードルを上げている……のかも。

⑤指揮命令について

【質問】指揮命令はあるの？

【回答】あらゆる場面で「指導」が入る。「指導」で溢れかえっているような組織やで。

⑥社会保険について

【質問】共産党の党職員には社会保険はあるの？

【回答】社会保険はあるよ。

【質問】みなさん、あるという回答なんです。ただ、社会保険（雇用保険・健康保険・厚生年金等）

は雇用関係を前提とするもので、雇用関係がないとどうしようもないはずだけど。そうすると、社会保険という（雇用を前提とした）国の社会保障制度の恩恵を受けている。解雇の時には（不当解雇かどうかはともかく）解雇通知書も出しているわけですね。

【回答】常識的に見れば、雇用関係にあるのは明らかだからね。

【質問】党側は、国の社会保障制度の恩恵に与る場面では職員を「労働者」として扱いながら、労働基準法の適用が問題となる場面でだけ、職員を「労働者」として扱わず、残業代も支払わず、「定額制（低額制）働かせ放題」で、労基法の適用を逃れたいという自分たちの身勝手な都合だけでブラック企業顔負けの屁理屈をこねているというわけか……。詭弁を弄しても、社会保険を適用して雇用している時点で独自の解釈は許されないよね。社会の法律を守れない、守るつもりがない姿勢は、国政政党としての資質を問われる……のでは。

⑦就業規則について

【質問】就業規則はあるの？

【回答】あるとしても、就業規則に書かれてあることとはまったく違う働かされ方をしていると思う。

⑧労働安全衛生について

【質問】労働時間管理がされていない事業所では、健康障害を発症する労働者が多いんだけれど、そのあたりは大丈夫かな？

【回答】長時間労働とパワハラでうつ病になる人も多い。そもそも仕事と活動の区切りがないからです。

⑨離職者について

【質問】離職者も多いの？

【回答】全国の地方都市の地区委員会の専従も定着しません。

⑩党スタッフが定着しない理由は

【質問】党スタッフが定着しない理由は？

【回答】給料の未払い。遅配・不配。上からのパワハラ。地域支部からの理不尽な要望など。今の地方議員は勤務員の経験がないので地区委員会の運営がわかっていません。だからギスギスします。

【質問】給料の未払いや遅配は、賃金全額支払いの原則や賃金一定期払いの原則に違反していますね（労働基準法24条参照）。パワハラはひどいの？

【回答】地区委員会の専従も一度やってしまうと民間企業に転職しにくいと思われます。それがわかっており、パワハラが横行してしまい、精神を病む人が続出しているのが伝えられます。

【質問】そもそも厚生労働省の認定する「うつ病ライン」を超えてしまうような低賃金長時間労

働のうえに、ハラスメントが横行しているということですね。別の取材では党職員から転職された方にもお話をしていただけたのですが……、専従は転職困難であることもパワハラに輪をかけているということでしょうか。

【回答】ブラック企業の社員に人権がなくて洗脳されてしまうのとなんか似てるってか同じかな？　ブラック企業は人の入れ替えが激しくて、企業規模も大きくなれないで、細々とやっています。

⑪労働組合について

【質問】誰も声を上げないの？　労働組合はないの？　つくらないの？

【回答】労働組合はないよ。労働組合をつくっても交渉に値しないといわれると思います。敵とみなすでしょう。クビにされかねない組織なのでは。

【質問】憲法上、団結権・団体交渉権・団体行動権が保障されているので、不当労働行為になるよ。

【回答】う〜む。そもそも専従は労働者ではないかのようなことをいっている組織なので……。

【質問】職員（専従）は労働者ではないなどという解釈は、今の現状と労働基準法の下ではありえない解釈ですよ。現に、共産党以外のすべての政党が、すべて政党職員を「労働者」として扱っていて、政党職員に労働基準法を適用している、と解答しています。人権侵害野放しになってしまいます。

【回答】人権よりも幹部の特権を守る組織だから……。

（2）まとめ

若井さんとのやり取りからは、〈共産党における職員の働き方〉について、微妙なニュアンスを含めた実像が伝わってきます。

ブラック企業がやって違法なことは、政党がしても違法です。労働基準法には政党を除外する規定はないからです。

「労働者の党」といいながら、党職員の労働者性すら認めないような発言を繰り返し、残業代すら支払われない。そのうえ、異議を唱える人や抗議する人を弾圧し、排除する。これでは「リアル北朝鮮」などと揶揄されても仕方がないのではないでしょうか。

5　みなさまと共に考える

（1）法的正義の観点から

おかしいことに対して、おかしいと声を上げた人が不利益を受ける。そのような結果にならないために、法は救済措置を用意して、報復や不利益処分を禁止しています。

油鳥さんや仲間たちの行動は、法律にのっとった正当なものであり、法律的な観点から考えると日本共産党の対応こそが不正そのものなのです。

だからこそ、行政が彼らを支持しただけでなく、世論も彼らを支持しました。ＳＮＳでは、「共産党がブラック企業と同じことをしている」「労働者の党を名乗る資格がない」といった声が多数寄せられています。

油鳥さんは、本書の執筆の際にも、快く取材に応じてくださいました。彼らの勇気は行政を動かし、多くの市民が共産党の違法な実態を知ることとなりました。

さらに、主要８政党に政党職員の働き方に関するアンケート（内容証明郵便）を送付したところ日本共産党だけが回答を拒否してきたことを踏まえ、現役の共産党政党職員である若井さんが、匿名を条件に、快く取材に応じてくださいました。

正義を求めることは、決して間違いではありません。

（２）未来への希望

油鳥さんらの闘いにより、日本共産党の労働基準法違反が白日の下に晒されました。しかし、これは終わりではなく始まりです。この闘いは、共産党という閉鎖的な組織に対するものだけではなく、すべての労働者、すべての市民が、人間らしく働ける社会をつくるための闘いでもあるのです。

「労働者の権利を守るのは、労働者自身の声だ。」

労働者の権利は、声を上げなければ守られません。そして、その声が集まれば不正を正す力になる。そう信じればこそ……この闘いは続きます。

しかし、油鳥さんのような勇気ある告発者がいる限り、日本の労働環境は少しずつでも変わっていくはずだと確信しています。

政治的立場を超えて、労働者の権利を守るために何ができるのでしょうか。私たち一人ひとりが考えるべき課題であるように思います。

おかしいことに対しておかしいと声を上げられた方々。そのような方々の勇気ある行動が、より多くの人々に届き、同じように理不尽な目に遭っている人々に希望を与え、世の中を少しずつでも変えていくことにつながりますように。

第8章コラム　政党の職員も「労働者」に該当する

(1) 政党の職員も「労働者」に該当する

政党の職員は「労働者」に該当するのでしょうか。労働基準法や労働組合法などで「労働者」の定義が規定されています。

労働基準法第9条では、労働者を次のように定義しています。

「労働者」とは、事業または事務所に使用され、賃金を支払われる者をいう。

この定義に基づけば、政党の職員も「使用されて賃金を受け取っている」以上、労働基準法上の労働者とみなされます。したがって、労働基準法の保護（労働時間、賃金、解雇規制など）の対象となります。

労働組合法第3条では、労働者をより広く定義しており、次のようになっています。

「労働者」とは、職業の種類を問わず、賃金、給料その他これに準ずる収入によって生活する者。

したがって、労働組合を結成する権利も保障されます。

（2）労働者を守るべき政党が法律を破るとは

日本共産党は、労働者の権利を守ると公言し続けてきました。しかし、その内実はまったく異なります。党の内部では長時間労働、パワハラ、さらには違法な解雇が横行しているのです。労働基準法を守るべき立場にある政党が、それを破るという現実。この矛盾を正すべく、ここに真実を記します。

共産党の職員は、過酷な労働環境に置かれています。たとえば、

- 深夜までの長時間労働（残業代未払い）
- 休日もない連続勤務（休日割増未払い）
- 上司からの激しい叱責とパワハラ
- 批判を許さない独裁的な組織運営

まさにブラック企業の手口そのものです。法律違反を放置する政党に未来はありません。

これは一般企業であれば、労働基準法第32条（労働時間）、第35条（休日）に明らかに違反しています。労働者の味方を自称する政党が、実際には最も労働者を酷使しているのです。

日本共産党を内部から知る元職員たちが、その恐るべき実態を語ります。

「毎日のように終電まで働かされました。会議が深夜に及ぶことも当たり前で、残業代などは一切支払われません。抗議しようものなら、『党のために働くのが当然』と一蹴されました」

（3）法律を無視する共産党

共産党内部で行われている行為の数々は、明らかに日本の法律に違反しています。にもかかわらず、党側は「資本家と労働者の関係ではない」などと意味不明の言い訳を繰り返しています。

このような主張をしたところで、労働者性は上記のような基準によって判断されるのであり、「資本家と労働者の関係ではない」ところにも「雇用関係は成立する」以上、労働基準法

の解釈にも、政党の職員も「労働者」に該当するという結論にも、何の影響もありません。そもそも「通常の労使関係とは異なる」と説明すれば、労働基準法は適用されないのでしょうか。

党側の言動は、違法行為を隠蔽したいがための卑劣な言い訳にすぎないように思われます。このことを裏づけるかのように、共産党は正当な権利主張をした人にさえ、厳しい報復措置をとってきました。異論を唱えた党員が次々と排除され、党内でのハラスメントが横行しています。これにより、党内の労働環境の改善を求める声は封じられ続けています。

これでは、党が社会の問題を解決できるわけがありません。まずは自らの組織の不正を正すべきではないでしょうか。

（４）被害者たちが立ち上がる

共産党内での労働基準法違反に苦しめられた被害者たちは、ついに声を上げ始めました。本書でも紹介させていただいたとおり、最近では、（元）党員や党職員が共産党を告発し、労働環境の改善を求めて申告を行ったり、パワハラや不当解雇に対して裁判を起こす動きも出ています。

「日本共産党の不正を許さず、真の労働者のための社会を作っていきましょう！」
「共産党は変わらなければならない」
「私たちは労働者の権利を守るために立ち上がる」

彼らの勇気ある行動こそが、共産党の欺瞞を暴き、日本の労働環境を本当に良くする一歩となることを信じてやみません。

【引用・参照文献】

「資本家と労働者の関係ではない」共産・田村委員長、専従職員問題で主張
https://news.yahoo.co.jp/articles/62bcb494ae42f8f4377679ea3e52b615010b17f3

第Ⅲ部

政党職員の労働環境の現在地

第9章　アンケートで明らかになった労基法違反の実態

序　「労働者を守る」といっている党が、労働基準法を破り続けることが許されるのか？

(1) ルールを破る者がルールをつくるな！

ルールを決める者が、そのルールを破っていいのか？

答えは明白だ。「ダメ」に決まっている。

日本共産党は、労働者の権利を主張する、平等な社会を目指すといってきた。しかし、実際の党内では、まったく違うことが行われている。ブラック企業を批判する側が、ブラックな働かせ方をしている。パワハラをなくそうといいながら、内部では幹部の圧力が横行している。

「ホンネとタテマエ」のある日本社会において、どの企業でも多少の矛盾はあるかもしれない。しかし、日本共産党は普通の企業ではない。政党であり、議会を通じてルールをつくる側にいるといえる。だからこそ、そのルールを守る責任は何倍も重いはずだ。

過去の共産党は、多くの人々の支持を集めていた。しかし、近年は議員数・党員数が減少し、機関紙の発行部数も激減している。その理由は、「言っていること」と「やっていること」が極端に違うことを見透かされてしまっているからではないか。

たとえば、共産党は先の総選挙では、「1日7時間労働」の時短を選挙政策の目玉にしていた。しかし、「共産党の職員からまず1日7時間労働にしてはどうか？」との記者からの質問には、田村委員長は「やらない」理由を語るのみであった。それどころか、実際には「7時間労働」どころか自分たちの職員には「8時間労働」さえ守らず残業代を未払いにするという労働犯罪をしていたわけである。

労働法制の改善を語る一方で、そもそも現行の労働法規に反する違法行為を組織ぐるみでやっている……この政党を信用できるのか、疑問が生じて当然だ。

（2）共産党は労働犯罪（労働基準法違反）をこれからも続けていくのか…

本当に労働者の味方でありたいのなら、人権侵害の問題を解決することを含めて、まず自らの組織を改革するべきである。

①労働基準法を厳守し、長時間労働や賃金未払いをなくすこと。

② パワハラを根絶し、自由な意見を認める組織にすること。

③ 公益通報者保護法の趣旨を遵守し、不正を告発した党員を守ること。

これらができなければ、日本共産党は労働者の味方とはいえない。むしろ、ブラック企業と同じ構造を持つ、いや、それ以上に危険な組織となる。

とりわけ、労働基準法は、労働者の最低限の権利を守る法律である。これがなければ、雇用者は好き勝手に従業員を働かせることができる。すべての企業や団体は、この法律を守る義務がある。

そこで、より深く日本の政党職員の労働実態に迫るために実施した政党アンケートや日本共産党職員への労働実態調査、労基署からの情報収集を実施した。

客観的証拠や各種調査から浮かび上がってきたのは、イマドキの労働法の常識と共産党の非常識（イリーガル）である。

結果は、驚愕の事実の連続であった。労基署が動くわけである。

（3）いまだに賃金不払いを続けているという事実……

さらに、行政開示請求や労基署とのやり取りを通じて判明した驚愕の真実を明らかにしておく。

2024年9月に労基署からの是正指導が入ってから2025年3月に至るまで、半年以上も（！）、共産党は、労働基準監督署からの是正に応じず、法律に適合した就業規則も提出せず、36協定も提出しようとしなかった。

あれこれ理由を付けて引き延ばしてきたが、残業が存在した明白な事実を突きつけられたため、

36協定の締結と提出に応じざるを得なかったというのが真実のようである。

それだけではない。この政党は、いまだに（！）、残業代も支払わず、この点では労働基準監督署からの是正に応じていないのである。

そのことと関連して、職員は「自主的、自発的に活動」しているなどという、ブラック企業顔負けの屁理屈を共産党の幹部らが展開しているのである（産経新聞・２０２５年1月27日記事など参照）。

このような詭弁は、ブラック企業が残業代不払いを追及されたときにしている言い訳の二番せんじ（出がらし）にほかならず、法的にも通用しない。

考えてみてほしい。

我が社が社員にしているのは、「指揮命令」ではなく「指導」である‼

我が社の社員は、自分で我が社に入って、「自主的、自発的に活動」しているだけである‼

「自主的、自発的に活動」しているといって、労働基準法の適用を免れることができるわけがない。

こんなバカげた屁理屈が通用するのなら日本国中のブラック企業が日本共産党のマネをするだろう。

なぜ、このような社会的に通用しないことを共産党がいうのだろうと疑問に思われた方も多かったはずだ。

繰り返すが、この政党は、いまだに残業代も支払わっていないのである。そして、労働基準監督署を通じての情報によれば、「残業がないから支払わない」のではなく、（長時間残業が存在した明白な事実により36協定の締結と提出には応じざるを得なかった）、タイムカードなどで客観的な労働時間管理をしていなかった（違法）ので、残業時間が分からないから残業代を支払わない、というロジックを用いているようなのである。

「残業代を支払わない」という違法を、「客観的な労働時間管理をしていない」という別の違法で、「だから金額が分からない（だから支払わない）」という違法な結論に持っていく。

パワハラの被害者の声を別のパワハラで封じ込むという、違法行為を別の違法行為で鎮圧するやり方が、ここでも応用されているように感じられる。

この政党は、いまだに未払い賃金（未払い残業代）を支払おうとしないのである。

このレポートは、勇敢な若者たちが労働犯罪を繰り返す組織の闇に光を当てようと奮闘したことにより、もたらされたものである。

本章では、共産党の恐るべき労働犯罪の実体を、そのレポートを元に解説をしていく――。

1　日本の8つの政党職員の労働者性について

ここまで、日本共産党の労働環境に問題があることは明らかにしてきました。では、ほかの政党

表１　政党職員の労働者性について

	①職員は労働者か	②労基法は順守しているか	③就業規則の周知・届出	④社会保険（雇用・健康・厚年）の有無	⑤労働組合の有無
自由民主党	○	○	○	○	なし
公明党	○	○	○	○	なし
日本維新の会	○	○	○	○	なし
立憲民主党	○	○	○	○	なし
国民民主党	○	○	○	○	労組は無いが、労働者の過半数を代表する者と36協定を毎年締結
社会民主党	○	○	○	○	労組に準ずる活動を行う、事務局小委員会がある
れいわ新選組	○	○	○	○	なし
日本共産党	回答せず	回答せず	回答せず	回答せず	回答せず

表２　平時と選挙時の労働時間のバランスのとり方

	平時と選挙時の労働時間のバランスのとり方
自由民主党	支部ごとの裁量に任せている。
公明党	業務が集中する部署への応援体制を取る。
日本維新の会	選挙時はシフト制等を導入。選挙後に特別休暇等を付与。
立憲民主党	選挙時は多忙なので、選挙後に休暇をとるなどの配慮をしている。
国民民主党	法令順守のため、電子的な勤怠管理システムで労働時間を管理。
社会民主党	代休を取ることで対応している。
れいわ新選組	平時・選挙時ともに、休日出勤は翌月・翌々月に必ず振替休日を取る。
日本共産党	回答せず

の労働環境はどうなのでしょうか。

上の表は２０２５年１月から２月にかけて行った、政党職員の労働者性についての調査の結果をまとめたものです。

調査は、自由民主党、公明党、日本維新の会、立憲民主党、国民民主党、社会民主党、れいわ新選組から回答があり、公開質問状（内容証明郵便）を送りましたが日本共産党からだけは回答がありませんでした。

日本共産党以外のすべての政党が、職員を労働者と捉えて労働基準法を遵守していると答えています（表1）。労働組合がない政党も多いですが、社民党には労組に準ずる活動を行う組織があるようです。

また、選挙の時に業務が集中するという職性を緩和する対策も、回答があった党では試みられているようでした（表2）。

2　日本共産党および関連団体の労働環境について

(1)　労働環境の調査

第8章でみた油鳥さんの例でわかるように日本共産党の労基法違反は著しく、各地の日本共産党および関連団体の職員からも過酷な実体験の吐露が見られました。そこで、労働環境の状況を統計的に可視化するため、油鳥さん・砂川さん・羽田野さんが中心となって同組織の労働環境の調査を行いました。

具体的には、2024年9月20日～11月30日の間、過去・現在の日本共産党および、民主青年同盟・全労連・民商など共産党関連団体の職員（正社員・契約社員・アルバイト・パートなど）を対象に、Googleフォームにて無記名の調査を実施し、32名の回答が得られました。うち1名は一部に記入ミスがありましたが、該当部分以外は有効回答とし、有効回答者32名を分析の対象としました。

また、分析は、共産党の職員（21名）と共産党関連組織の職員（11名）に分けて行っています。

調査は、以下の14項目です。①勤務している・していた地域（①のみ任意回答）。②勤務期間。③勤務している・していた組織。④雇用形態。⑤労働者性の有無。⑥就業規則はあるか。⑦労働条件通知書はもらっているか。⑧就業規則や労働条件通知書等の書面に書かれている勤務時間。⑨実際の勤務時間。⑩就業規則や労働条件通知書等の書面に書かれている休日。⑪実際の休日。⑫残業をした時、残業代は払われているか。⑬不当な労働環境に対して、職場で抗議したことはあるか。⑭労働環境で問題を感じたことについての自由記述。

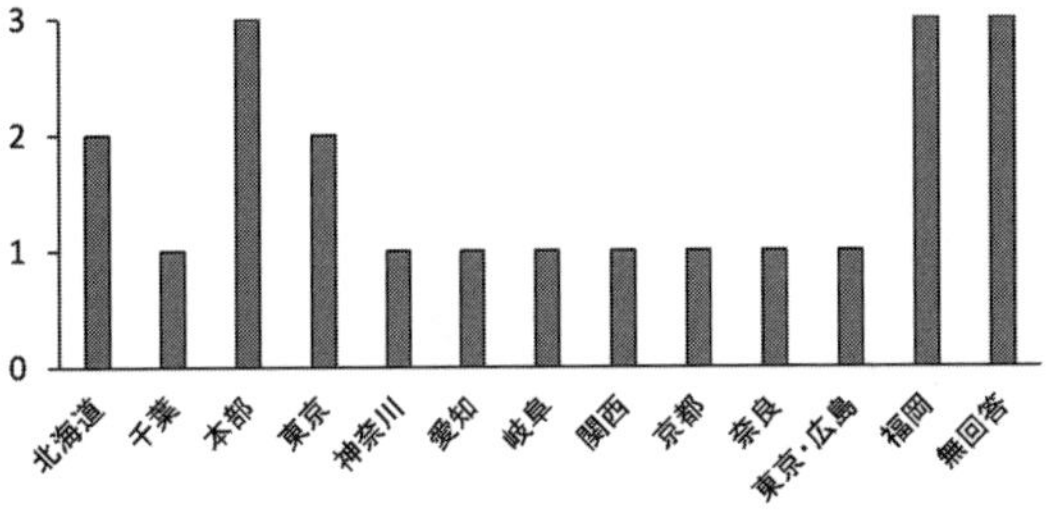

図1　勤務している・していた地域（共産党の職員）

（2）共産党の職員についての労働環境調査結果

それではまず、共産党の職員について調査の分析を報告していきます。

図1は、「勤務している・していた地域の回答（共産党の職員）」を示したものです。勤務地域は北海道から福岡まで幅広く、調査結果が地域の特異性によらないことがわかります。

質問②の勤務期間では、何年から何年まで勤務していたか・しているかを質問していますが、ここでは、最終勤務年と勤続年数の観点から見ていきます。

図2は、「最終勤務年（共産党の職員）」を示したものです。回答者の71％が2020年代の勤務経験があり、調査結果が直近～現在の労働環境を反映したものであることを示しています。また、1990年代、2010年代と回答が変わらない項目は、長年続いてきた問題であることを示している場合があります。

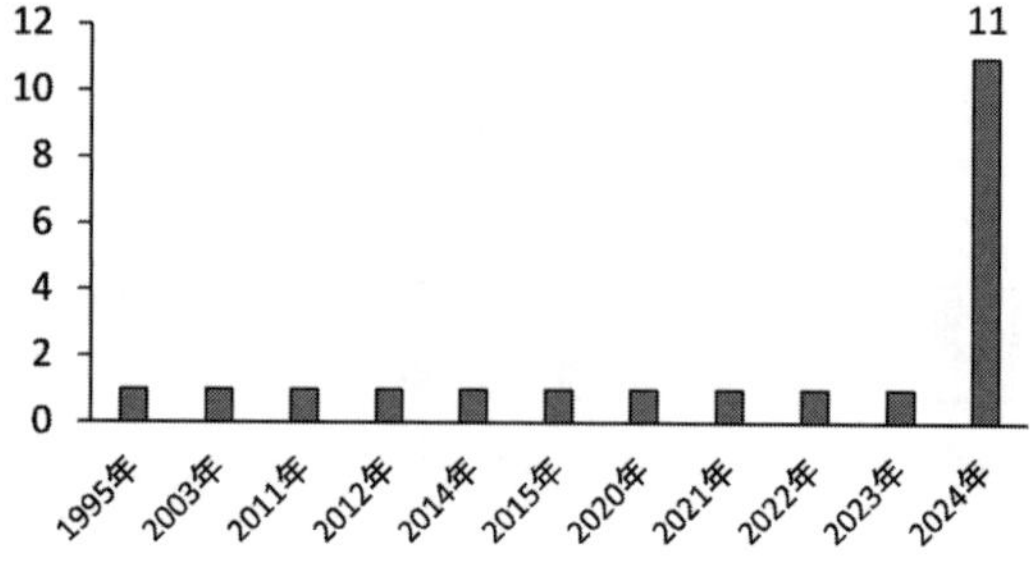

図2　最終勤務年（共産党の職員）

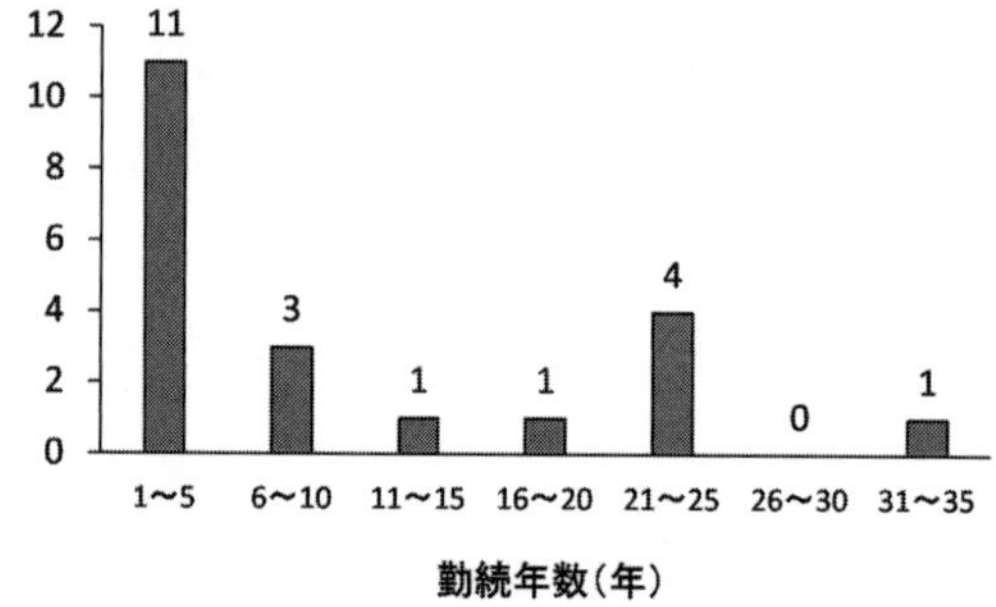

図3　勤続年数（共産党の職員）

図3は勤続年数（共産党の職員）を示したものです。共産党職員である若井さん（現役党員）も「全国の地方都市の地区委員会の専従も定着しません」と話していました（第8章参照）が、これを裏付ける結果ともいえます。

図4は、「雇用形態（共産党の職員）」を示したものです。

ここで信じられないのは、赤旗配達員が、「専任配達員」と呼ばれ、労働者として認められていないという回答があったことです。

早朝1時35分～6時の業務を、休日が月2日という状況で連日行っているにもかかわらず、給与は配達部数に応じて支払われ、残業という概念がなく、上司から「幹部防衛に従事する日だから休みを取れ」と命令があった日も有給にはならなかったそうです。上司からの指揮命令の下で連日働いている業務形態ですから、実質的にこの回答者は正社員・契約社員・パート・アルバイトのいずれかに分類されるはずですが、回答者自身がそれらの選択肢を選べないほど、労働者の権利を党に踏みにじられてきたことが示されていた回答でした。

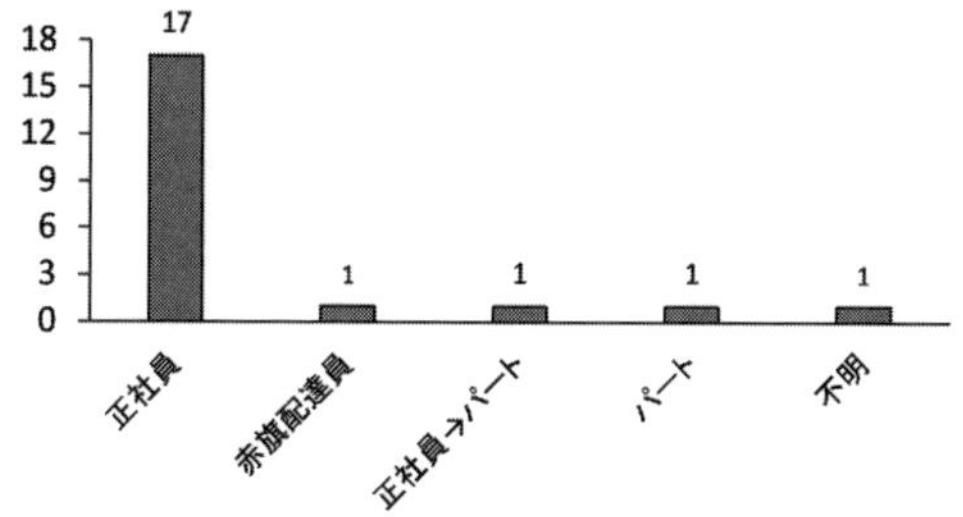

図４　雇用形態（共産党の職員）

なお、旧労働省の通達には、新聞配達人について、次のようにあります。

「配達部数に応じて報酬を与えているのは、単に賃金の支払い形態が請負制となっているだけであって、一般に販売店と配達人との間には、使用従属関係が存在し、配達人も本法（資料作成者注：労働基準法）の労働者である場合が通例である」（昭22・11・27基発（旧労働省労働基準局長名通達）第４００号）

図５は、「労働者性の有無（共産党の職員）」を示したものです。調査では、「上司からの指示を受けずに、仕事の内容・進め方、働く時間・場所を自由に決めたり、仕事の全体を引き受けるか断るかを選んだりできるか」と尋ねており、「できない」と回答した場合は「労働者性あり」、「できる」と回答した場合は「労働者性なし」に分類して

います。

ただし、できないと回答したものについて、詳細を見ると、休日は週1で定められており、勤務時間もおおむね固定されていました。上司からの事細かな指示はなかったのかもしれませんが、組織として就業時間の定めがあったようです。これらの回答者も個人事業主などではなく、労働者だといえる可能性があり、その場合は回答者の100%に労働者性が認められることになります。

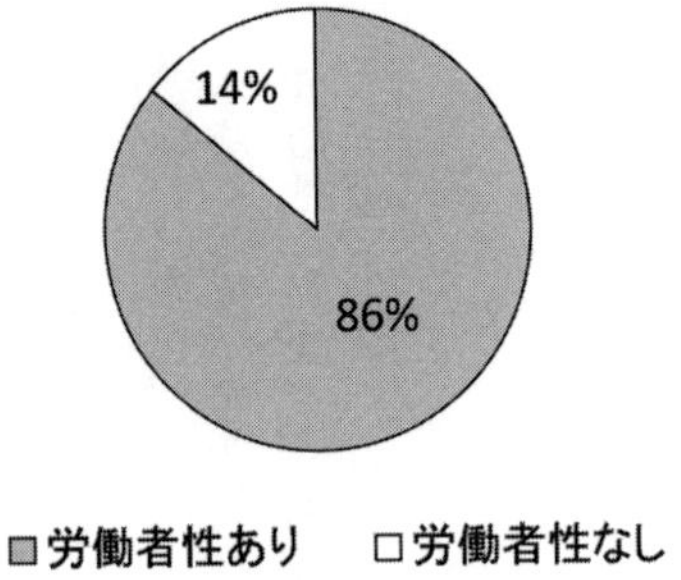

図5　労働者性の有無（共産党の職員）

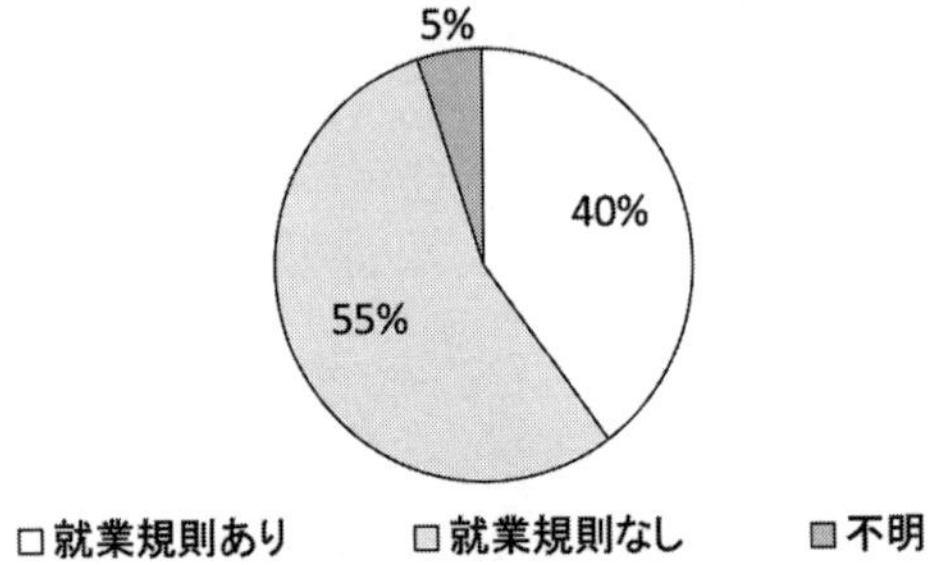

図6　就業規則の有無（労働者性のある共産党職員）

図6は、「就業規則の有無（労働者性のある共産党職員）」を示したものです。

労働基準法第89条には、「常時10人以上の労働者を使用する事業場は、就業規則を作成し、所轄の労働基準監督署長に届け出なければならない」とあるため、事業所の労働者の数によっては、回答者の55%の職場は労基法に違反している可能性があります。

図7は、「労働条件通知書を貰っているか（労働者性のある共産党職

員）」を示したものです。

労働基準法第15条には、「使用者は必ず労働条件通知書を労働者に交付することが義務になっている」とあるため、労働者性のある回答者の78％の職場が労基法に違反していることがわかります。

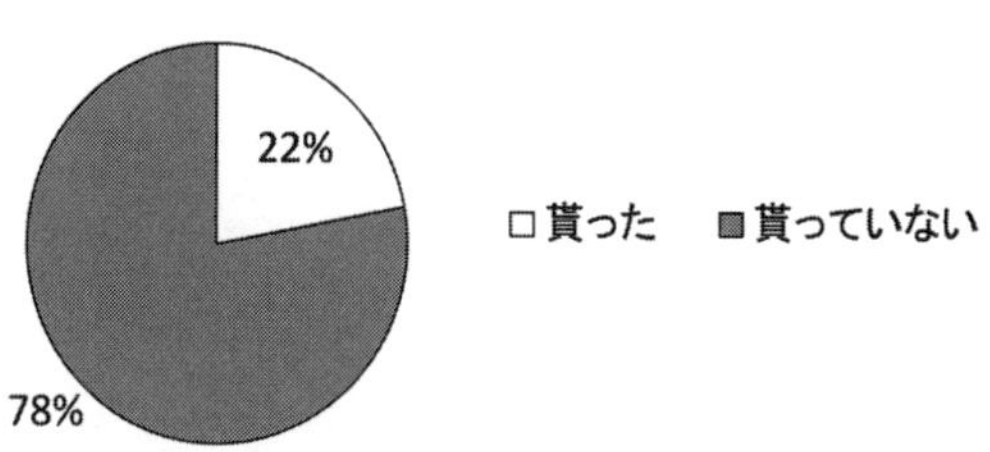

図7　労働条件通知書を貰っているか
（労働者性のある共産党職員）

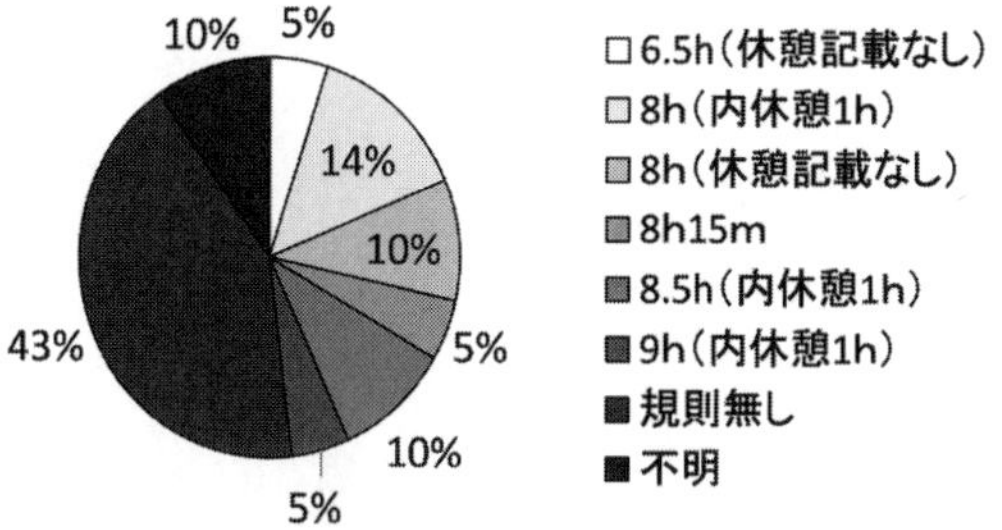

図8　就業規則や労働条件通知書等の
書面に書かれている勤務時間（共産党の職員）

図8は、「就業規則や労働条件通知書等の書面に書かれている勤務時間（共産党の職員）」を示したものです。43％の職場に就業規則がなく、勤務時間が不明なことは大きな問題ですが、「規則無し」と「不明」を除く47％の職場の勤務時間は一見して問題がないように見えます（図8）。しかしこれらは、勤務時間と休日の実態を照らして見ていくと、異常な勤務状況へと一変します。

図9は、「就業規則や労働条件通知書等の書面に書かれている休日（共産党の職員）」を示したものです。「規則無し」や「不明」が53％を占めていますが、規

則の上でさえ、週休2日なのはたったの10%となっています。雲行きが怪しくなり始めましたが、ここからは勤務時間と休日の実態を見ていきます。

図10は、「通常時の勤務時間の実態（共産党の職員）」を示しています。回答者の71%が、1日8時間の法定労働時間を超過していることが分かります。また、1日の労働時間が4・5時間であると答えた労働者も、休日が月に2日であり、早朝1時半から6時の勤務であることに留意していただけると幸いです。

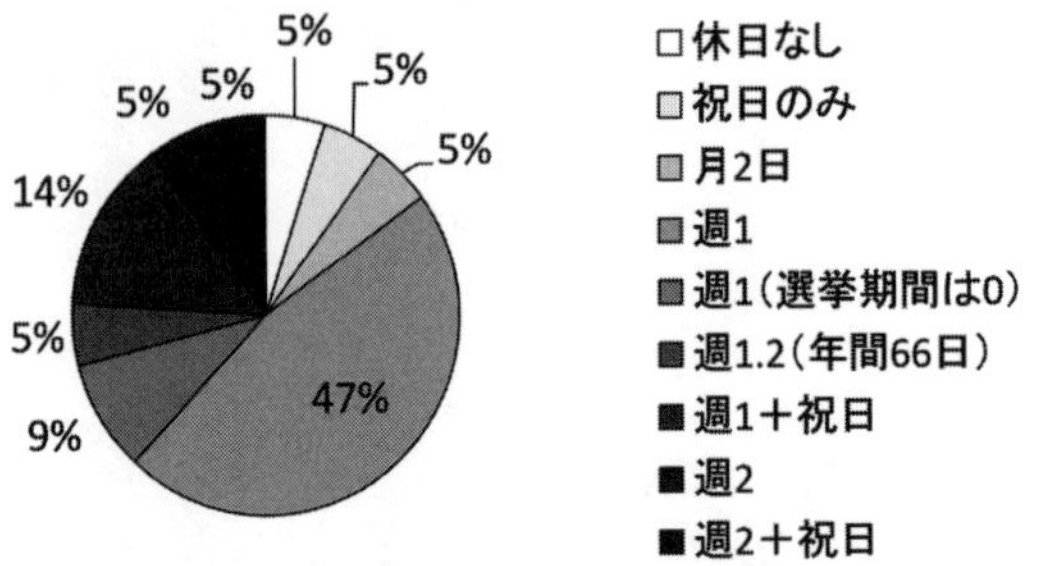

図9　就業規則や労働条件通知書等の書面に書かれている休日（共産党の職員）

図11は、「繁忙期の勤務時間の実態（共産党の職員）」を示しています。

図12は、「休日の実態（共産党の職員）」を示したものです。休日が週1日以下の回答者が71%を占めています。

これらの、勤務時間と休日の実態から、月の時間外労働（通常時）を算出し、回答者の具体的な時間外労働（通常時）をまとめたものが図13であり、36協定範囲内か、月80時間以上の過労死ラインにあたるかなどを統計したものが、図14です。

実に、回答者の43%が過労死ラインを超過した残業を行っており、「残業無し」に分類されたなかの1名も、早朝配達かつ月休2日という労働環境により急性劇症型心筋炎からの慢性心不全を発症するに至っています。また、図14の分類は通常時の勤務時

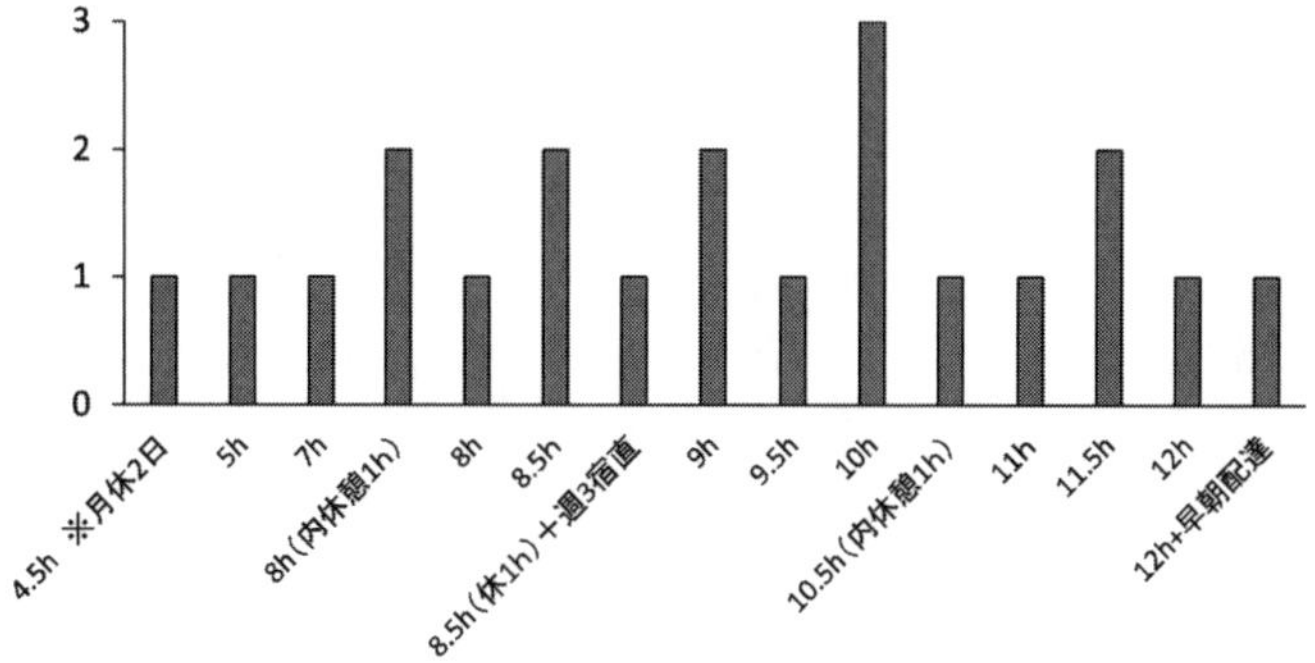

図 10　通常時の勤務時間の実態（共産党の職員）

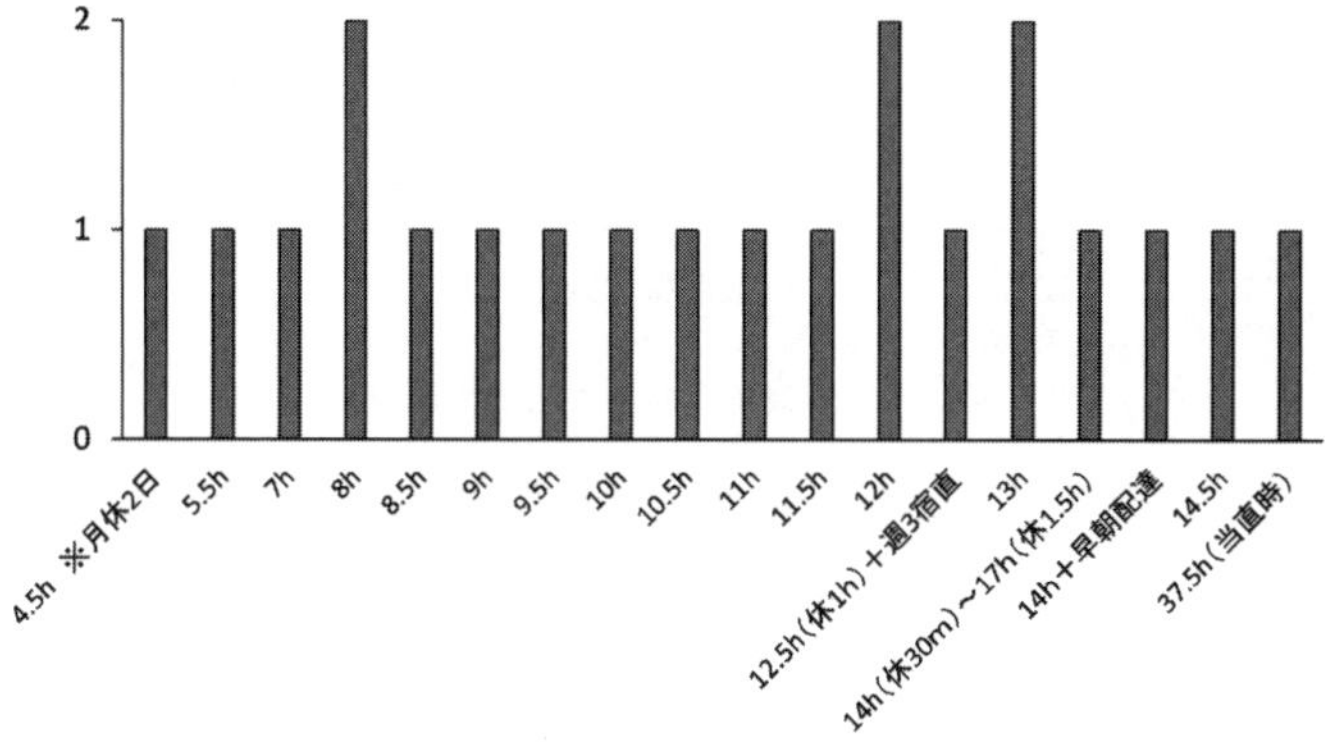

図 11　繁忙期の勤務時間の実態（共産党の職員）

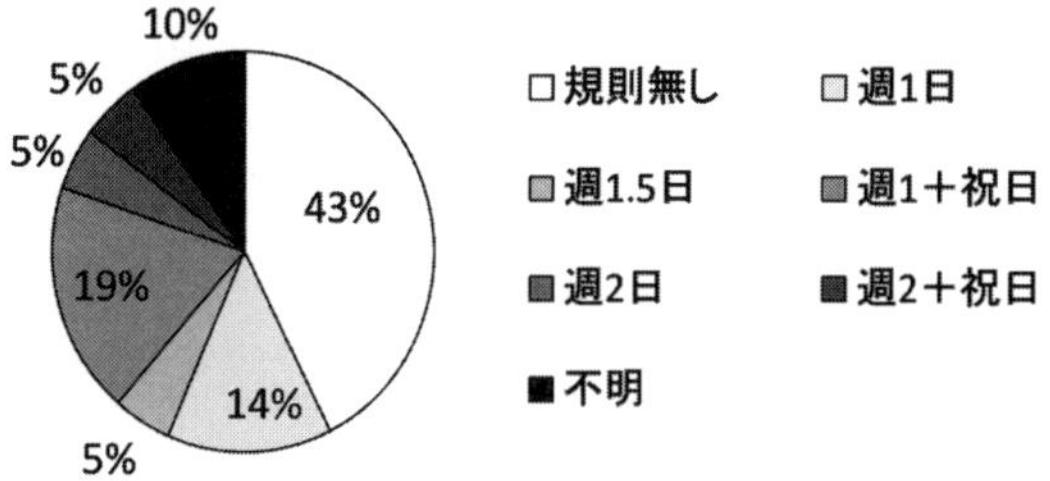

図 12　休日の実態（共産党の職員）

間・休日をもとに行っていますが、繁忙期の日数の正確な算出が難しかったためにできなかったものの、繁忙期の勤務時間・休日を分析に加えると、結果はさらに悪化することが考えられます。

ここまで見てきたデータから、共産党の職員の多くが厚生労働省の定める「うつ病ライン」「過労死ライン」を超える極めて長時間の残業を行っていることは明らかであるといえます。

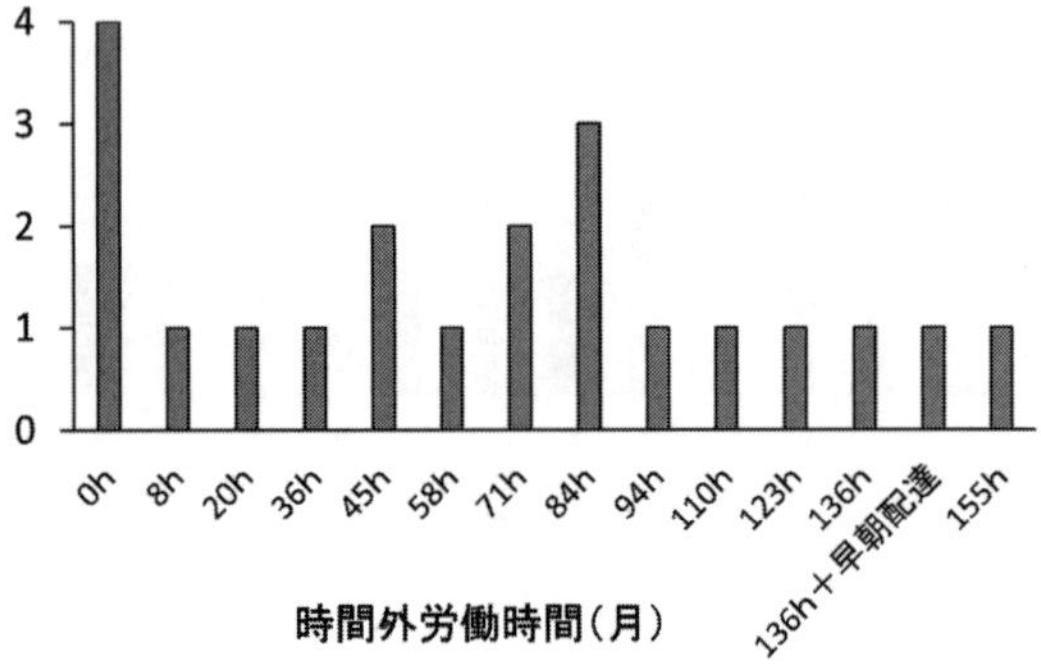

図 13　通常時の月の時間外労働（共産党の職員）

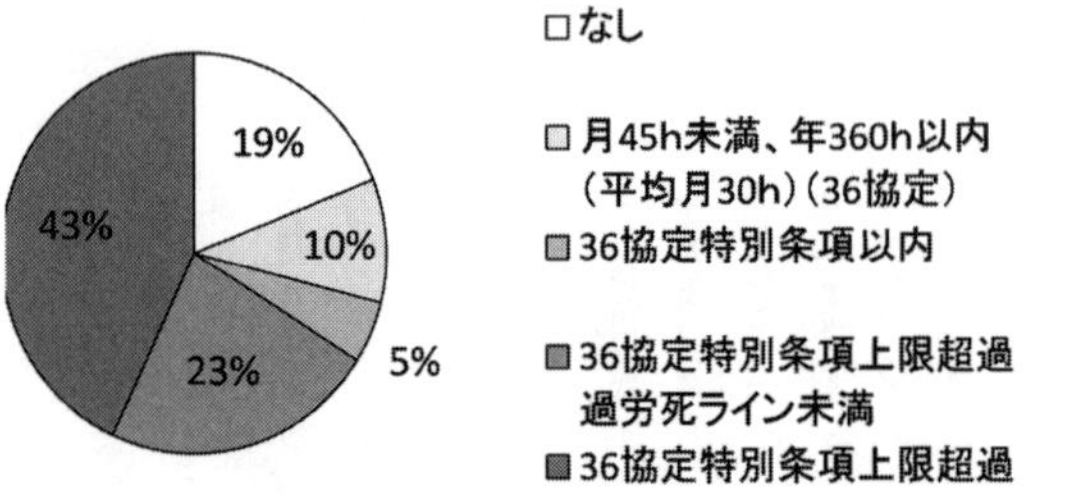

図 14　通常時の月の時間外労働の分類（共産党の職員）

では、極めて長時間の残業を行っている共産党の職員に対して残業代は支払われているのでしょうか。

図15は、「残業代の支払い状況（共産党の職員）」を示しています。もはや意味がわからないのですが、「残業代は支払われていない」が回答の90％を占め、「配達部数で給与が決まるため、残業の概念がない」が5％、「残業をしたことがない」が5％という結果になりました。つまり、「残業をしたことがある人」が「残業代を支払

われた」割合は０％であり、明らかな労働犯罪です。

図16は、「不当な労働環境に対して、職場で抗議したことはあるか（共産党の職員）」を示しており、52％の人が職場で改善を試みたものの、その声が実現したのは４％に留まることが分かります。

図17は、ここまでの回答から「労働環境に違法な点が見られたか」を統計したものです。

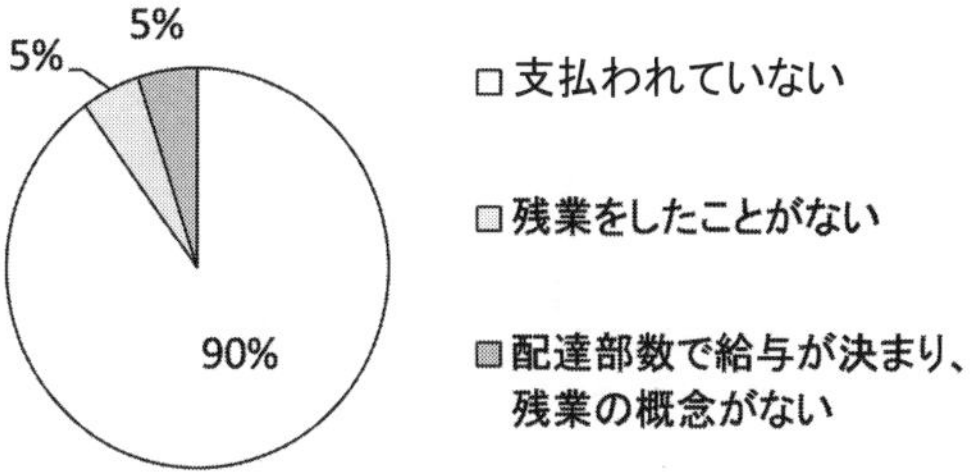

図 15　残業代の支払い状況（共産党の職員）

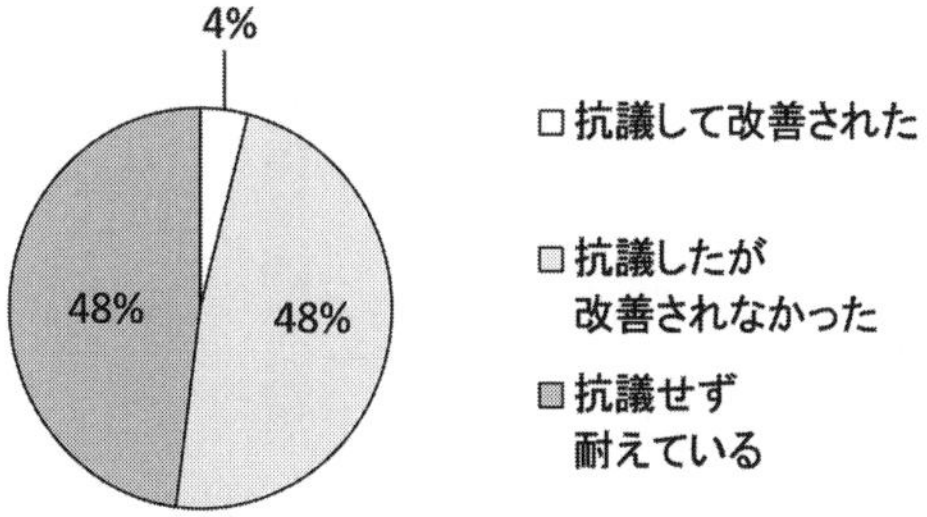

図 16　不当な労働環境に対して、
職場で抗議したことはあるか（共産党の職員）

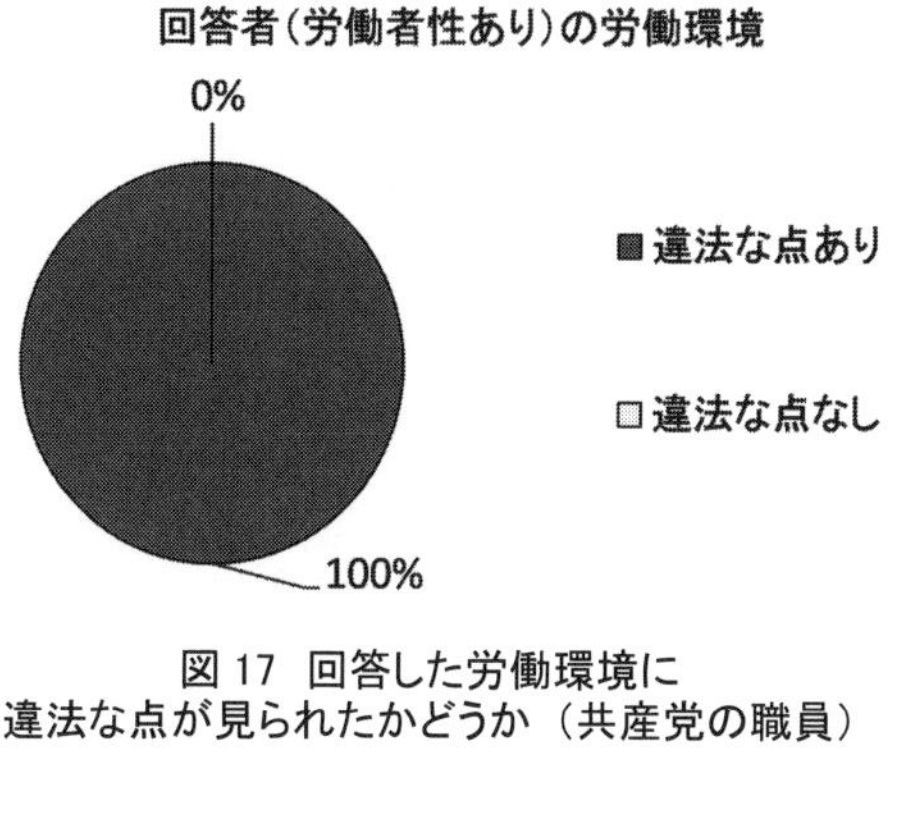

図 17　回答した労働環境に
違法な点が見られたかどうか（共産党の職員）

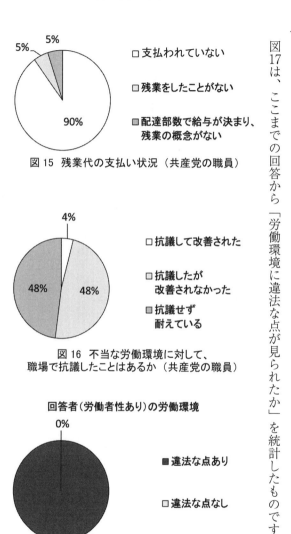

労基法が保護するのは労働者だけであるため、労働者性がないと判断された3人の回答者を除く16人の回答者が対象となります。図からは、実に、回答者（共産党の職員）の職場において、100％の割合で、労働基準法に違反していることがわかります

（3）共産党関連団体の職員の労働環境調査結果

ここまで、共産党の職員の労働環境を見てきましたが、次は共産党の関連団体の職員の労働環境について、共産党の悪影響があるかを観点の一つにしながら、報告していきます。

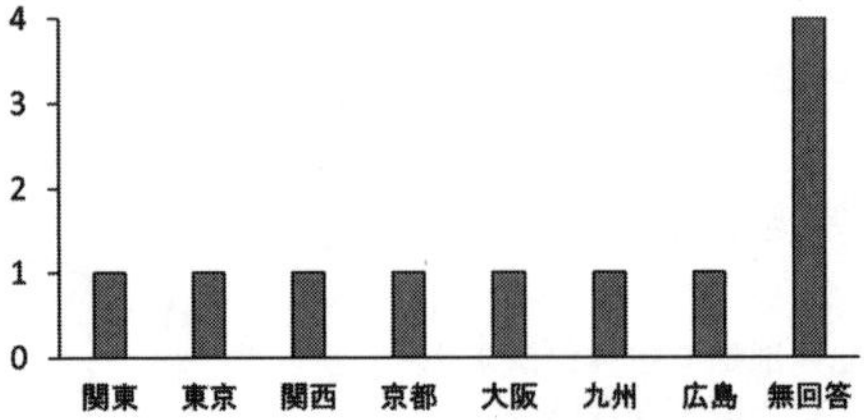

図18　勤務している・勤務していた地域（共産党関連団体の職員）

図18は、「勤務している・していた地域の回答（共産党関連団体の職員）」を示したものです。勤務地域は関東から広島まで幅がありますが、回答者が1人のみの組織もあり、地域・個別の事業所の特異性なのか、汎用的な結果なのかを分析することはできません。

次に、表1～表3は各設問への回答をまとめたものです。1つの団体の回答者が1人というケースが多く、まとめて集計して分析するのは不適切であるため、表にまとめ、労働者性を確認した上で労基法違反が認められる部分に色をつける形としました。また、個人の特定を防ぐため、勤続年数については省略しています。

表4は、勤務時間と休日の実態から、月の時間外労働（通常時）を算

表１　共産党関連団体の職員の回答まとめ（1）

回答者	勤務組織	最終勤務年	雇用形態	労働者性	就業規則	条件通知書
1	全労連	2018	正社員	○	×	○
2	全労連系列組織	2024	正社員	○	○	×
3	日本労協連	2000年代	正社員	○	○	×
4	民医連	2024	正社員	×	○	○
5	民商	2001	パート・アルバイト	○	×	×
6	民商	2001	正社員	○	不明	×
7	民商	2024	正社員	○	×	×
8	民青	2010年代	正社員	×	不明	×
9	民青	不明	正社員	×	○	○
10	民青	2021	パート・アルバイト	○	×	×
11	民青	2024	正社員	○	×	×

表２　共産党関連団体の職員の回答まとめ（2）

回答者	時間（規則）	時間（実態）	休日（規則）	休日（実態）
1	8h	8h＋朝・夕方宣伝・ 会議・選挙	土日祝	月4～6日 ※会議・学習会・ 各種集会に強制参加
2	9h	通常 9h(休憩あり) 会議の日 13h(休憩あり)	土日祝、夏季、 年末年始	日曜の年間半分は会議 夜のオルグが月2～3回 選挙の演説会で休み全て潰れる
3	不明	無制限	不明	不明
4	8h	不定期で残業あり。 土日出勤あり	4週6休	当番制で休日出勤
5	規則無し	9h	規則無し	日祝
6	9h(休憩1h)	13h	規則無し	不定期で記憶なし 休日≒民青などの活動
7	規則無し	通常11h 月3回程度12h 月3回程度14h 月2～4は休日に仕事 繁忙期 1月～3月はほぼ休みなし 今年は3日間のみ	規則無し	年30日前後
8	規則無し	12h(休憩あり)	規則無し	月2～3
9	6h40m (1h20m休憩)	9～11h(休憩1h)	週1、GW・お盆・ 年末年始連休	週1、GW・お盆・年末年始連休
10	規則無し	記入ミス	規則無し	なし
11	規則無し	12h	規則無し	週1以下

表３　共産党関連団体の職員の回答まとめ（3）

回答者	勤務組織	残業代	抗議したか
1	全労連	払われていない	抗議したが改善×
2	全労連系列組織	全額払われている	抗議せず
3	日本労協連	一部払われている	抗議したが改善×
4	民医連	全額払われている	抗議したが改善×
5	民商	残業をしたことがない	抗議したが改善×
6	民商	払われていない	抗議せず
7	民商	払われていない	抗議せず
8	民青	払われていない	抗議せず
9	民青	払われていない	抗議したが改善×
10	民青	払われていない	抗議したが改善×
11	民青	払われていない	抗議したが改善×

表４　通常時の月の時間外労働（共産党関連団体の職員）

	勤務組織	月残業
1	全労連	16h＋朝・夕方宣伝・会議・選挙
2	全労連系列組織	21h＋夜オルグ月2～3回、選挙の演説会で休み全て潰れる
3	日本労協連	不明
4	民医連	不明
5	民商	58h
6	民商	不明　※1日13h＋不定休＋休日≒民青などの活動
7	民商	133h
8	民青	148h
9	民青	32h
10	民青	不明　※休みなし
11	民青	136h

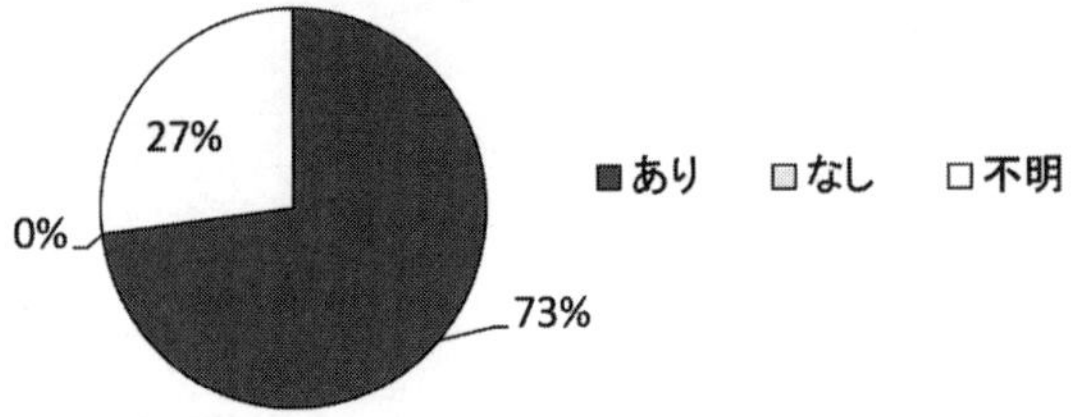

図19　労働環境に共産党の悪影響があったかどうか

出したものであり、色を付けている回答は、月80時間以上の過労死ラインにあたります。

図19は、「労働環境に共産党の悪影響があったかどうか」を示しています。これは自由記述にそれに値する記述があったかどうかを元に算出しており、表5は悪影響の具体的な内容をまとめたものです。

3　日本共産党福岡県委員会の就業規則の情報開示文書

就業規則に関する違法が認められた点に関連するものです。

私たちは労働局へ行政開示請求をしました。

共産党は就業規則を作成しても職員には周知しないような政党です。そのため、是正する前の状態が何だったのかを含めて、きちんと内容を把握しておく必要がありま

表5　共産党による労働環境への具体的な悪影響（共産党関連団体の職員）

回答者	勤務組織	共産党の悪影響
1	全労連	労組と共産党の活動が混在しており、 全て（朝・夕方宣伝・会議・選挙など）に強制参加（就業時間外も）
2	全労連系列組織	月2～3回夜のオルグに動員され、 選挙時は演説会で休みが全て潰れる。 「共産党に入らないとクビ」と脅される。 共産党への数十万円の募金強要。 休職して収入無いときも募金強要。
3	日本労協連	一部党員の専制支配があった。
4	民医連	記述無し（影響不明）
5	民商	記述無し（影響不明）
6	民商	「活動と仕事の境目がない」。 朝のミーティングで赤旗の読み合わせでストレス。
7	民商	パワハラ。タイムカードなし。 共産党を強制的に指示するように指導。 選挙活動に強制参加。集団で恫喝。 給料を現金支給（源泉は少なくして、税金安くされる）
8	民青	基本給15万。仕事とプライベートの切り替えが難しい。 休みが非常に少なく、いつも疲れていた。
9	民青	残業多い。 「生産してるわけじゃないから労働と言えない」と 残業代なしの解釈。 マニュアルなしでガタガタ。
10	民青	夜の9時でも電話がかかってくる。
11	民青	記述無し（影響不明）

した。

ところが、驚くことに不開示になりました。その理由は、是正指導を受けてさえ、就業規則の整備をしようとせず、規則の改定と届出を引き延ばしていたためです。

つまり、開示請求をした時点で、行政（労働基準監督署）に是正した就業規則の届け出がいまだされていなかったのです。行政が就業規則を「取得した事実はなく、実際に保有していないため」不開示としたのは、そのためです。

私は数多くの民間企業の労基署対応を経験してきましたが、このような場合、民間企業は直ぐに是正対応をします。

これに対して、共産党は、法令遵守の意識に欠けた、何という情けないことをしている組織なのかという衝撃でいっぱいでした。普段、企業の違法行為を追及している

日本共産党福岡県委員会の就業規則の情報開示文書（2024 年 9 月時点）

福岡労開第61号
令和6年9月20日

行政文書不開示決定通知書

羽田野　美優　様

福岡労働局長

令和６年８月21日付（同月23日受付）の行政文書の開示請求（労開第61号）について、行政機関の保有する情報の公開に関する法律（平成11年法律第42号。以下「法」という。）第９条第２項の規定に基づき、下記のとおり開示しないことと決定しましたので通知します。

記

1　不開示決定とした行政文書の名称

福岡中央労働基準監督署に届けられた「日本共産党福岡県委員会」事業場所在地：（〒812-0018　福岡県福岡市博多区住吉５－６－14）「就業規則届の一切」※最新の全条文

2　不開示とした理由

上記１の行政文書については、取得した事実はなく、実際に保有していないため、不開示とした。

＊ この決定に不服がある場合は、行政不服審査法（平成 26 年法律第 68 号）の規定により、この決定があったことを知った日の翌日から起算して3か月以内に、厚生労働大臣に対して審査請求をすることができます（決定があったことを知った日の翌日から起算して3か月以内であっても、決定の日の翌日から起算して1年を経過した場合には審査請求をすることができなくなることに御注意ください。）。

また、この決定の取消しを求める訴訟を提起する場合は、行政事件訴訟法（昭和 37 年法律第 139 号）の規定により、この決定があったことを知った日から6か月以内に、国を被告として（訴訟において国を代表する者は法務大臣となります。）、東京地方裁判所、処分庁管轄地方裁判所又は特定管轄裁判所に処分の取消しの訴えを提起することができます（決定があったことを知った日から6か月以内であっても、決定の日から1年を経過した場合には処分の取消しの訴えを提起することができなくなることに御注意ください。）。

3　担当課等：福岡労働局労働基準部監督課

〒812-0013　福岡市博多区博多駅東2-11-1

福岡合同庁舎新館４階　　電話：092-411-4862

パフォーマンスは何だったのでしょうか。

就業規則の整備を引き延ばしただけでなく、現時点において、いまだに残業代を支払おうとしていません。

まとめておきますと、掲載資料は、共産党への労基署からの是正勧告を受けて開示請求をしたものです。労基署からの是正勧告が行われる前の共産党の実態の証拠としての意味を持ちます。共産党福岡県委員会には就業規則が存在しなかったことを示しています。

4　日本共産党福岡県委員会の36協定の情報開示文書

36協定に関する違法が認められた点に関連するものです。

私たちは労働局へ行政開示請求をしました。

共産党は36協定を締結することなく長時間残業をさせながら残業代を不払いにするような政党です。そのため、是正する前の状態が何だったのかを含めて、きちんと内容を把握しておく必要がありました。

ところが、驚くことに不開示になりました。その理由は、是正指導を受けてさえ、36協定（時間外労働・休日労働に関する協定届）の整備をしようとせず、協定の締結と届出を引き延ばしていたためです。

つまり、開示請求をした時点で、行政（労働基準監督署）に締結した36協定の届け出がいまださ

日本共産党福岡県委員会の36協定の情報開示文書（2024年9月時点）

福岡労開第62号
令和6年9月20日

行政文書不開示決定通知書

羽田野　美優　様

福岡労働局長

令和６年８月21日付（同月23日受付）の行政文書の開示請求（労開第62号）について、行政機関の保有する情報の公開に関する法律（平成11年法律第42号。以下「法」という。）第９条第２項の規定に基づき、下記のとおり開示しないことと決定しましたので通知します。

記

1　不開示決定とした行政文書の名称

福岡中央労働基準監督署に届けられた「日本共産党福岡県委員会」事業場所在地：（〒812-0018　福岡県福岡市博多区住吉５－６－14）「時間外労働・休日労働に関する協定届」最新のもので現在有効なもの（添付書類一切を含む）

2　不開示とした理由

上記１の行政文書については、取得した事実はなく、実際に保有していないため、不開示とした。

＊ この決定に不服がある場合は、行政不服審査法(平成26年法律第68号)の規定により、この決定があったことを知った日の翌日から起算して3か月以内に、厚生労働大臣に対して審査請求をすることができます(決定があったことを知った日の翌日から起算して3か月以内であっても、決定の日の翌日から起算して1年を経過した場合には審査請求をすることができなくなることに御注意ください。)。

また、この決定の取消しを求める訴訟を提起する場合は、行政事件訴訟法(昭和37年法律第139号)の規定により、この決定があったことを知った日から6か月以内に、国を被告として(訴訟において国を代表する者は法務大臣となります。)、東京地方裁判所、処分庁管轄地方裁判所又は特定管轄裁判所に処分の取消しの訴えを提起することができます(決定があったことを知った日から6か月以内であっても、決定の日から1年を経過した場合には処分の取消しの訴えを提起することができなくなることに御注意ください。)。

3　担当課等：福岡労働局労働基準部監督課

〒812-0013　福岡市博多区博多駅東2-11-1

福岡合同庁舎新館４階　　電話：092-411-4862

れていなかったのです。行政が就業規則を「取得した事実はなく、実際に保有していないため」不開示としたのは、そのためです。

民間企業は直ぐに是正対応をするのに対して、共産党は、コンプライアンス（法令遵守）の意識に欠けた、非常に情けない組織だということができます。これでよく企業の違法行為を追及できるものです。

労働基準監督署を通じての情報によれば、長時間残業が存在した明白な事実があったので党側はしぶしぶながら36協定の締結と提出には応じざるを得なかった。しかし、未払い残業代については、タイムカードなどで客観的な労働時間管理をしていなかったので、残業時間が不明であるので残業代の支払いを拒む、というロジックを用いているようです。

まとめておきますと、掲載資料は、共産党への労基署からの是正勧告を受けて開示請求をしたものです。

労基署からの是正勧告が行われる前の共産党の実態の証拠としての意味を持ちます。共産党福岡県委員会には長時間残業の実体にも関わらず36協定の締結・届出がされていなかったことを示しています。

驚くべきことに、現状、この政党はいまだに賃金不払い（残業代未払い）を続けています。

第9章コラム　共産党が政権に入ることの恐ろしさ

（1）どこにでも起こり得る労働問題、しかし、政党が犯罪を行うことの危険性

労働問題は、どこにでも起こり得る問題であり、私たち働く人間にとっての普遍的課題と言えます。

一方で、政党が刑事罰までついている労働基準法を平然と破っている現状には、様々な問題点があると考えます。

その理由の1つは、野党であっても議会を通じて法律などのルールの策定（立法制定）に関与するのが政党であるからです。

日本共産党は、ほかの政党や企業の不正を批判します。しかし、最大の問題は、自らの組織では同じような不正が行われているというところです。

「ルールを破る者がルールをつくるな！」

日本の労働法よりも共産党の方が「序列が上」だといいたいのであれば、「共産党は法律を守らない組織で、労働者の権利を守るというのも方便にすぎない」と堂々と宣言すればよいはずです。

「ルールをつくる側がルールを守っていない」という状況は大問題ではないかと思うのです、みなさまはどのように考えられるでしょうか。

理由の2つ目は、野党であっても選挙結果によっては、いつでも「連立政権」などの形で権力を掌握する可能性があるからです。

世界的に見ても、アメリカとイギリスを除くほぼ全ての先進国は「連立政権」を経験しています。

日本でも、1993年以降は「政権交代」が何度かあり、「連立政権時代」であるといえます。

このような状況では、たとえ、少数政党であっても、政権の一角に入る可能性、国家権力の片隅に入る可能性があります。

政治は生き物であり、生ものです。現状でも少数与党で政権交代の可能性もあります。

もし、共産党が政権入りすると、いまは党内に限られている権力が及ぶ範囲が国民にまで広がります。

出版物で党首公選制を求める意見を述べた党員をただちに除名し、その後も政党機関紙や党組織を使って一個人を相手にして陰謀論を含む徹底的な人格批判を繰り広げる。それに対して疑義を持った者に対してパワハラを加えて精神疾患に追いこんで不当解雇を行い、それに対して抗議した者を見せしめのように除籍にして〝粛清〟する。これらの姿勢は、かつてのソ連や現在の中国、北朝鮮などの人権状況を想起させます。

（2）国民に不安しか与えない、違法行為を開き直るかのような共産党の言動

かつて田村智子さん自身がX（旧ツイッター）で「野党としての共産党なら良いけれど、政権にかかわったらどうなるの？　という不安は、私たちの想像を超えて広がった」と述べていました。

それは主権者である国民が共産党を「誤解」しているのではなく、共産党の本質を「理解」しつつあるからだと思います。外向けに「いっていること」と内向けに「やっていること」が違いすぎるのです。さらには、そのような矛盾を質問してきた者に対して、社会的に通用しないレトリックでいいくるめようとする姿勢は、もはや不信感しか与えないのです。

本書でお話しさせていただいた「職員の労働者性」の問題に関しても、共産党の小池書記局長は、党側からの「指揮命令」を否定し、「自主的、自発的に活動」している、などと述べました（産経新聞・2025年1月27日記事参照）。

共産党の政党職員（専従）は「指揮命令」系統にないとして「労働者性」を否定したいのかもしれませんが、共産党の規約では、上が決めたことは、異論を留保してやらなくてはいけないことになっているはずです。

さらには、一般党員に対してさえ、「圧」を加え、極めて強権的に「調査」という名のパワハラを行い、除名や除籍を乱発しています。規約に「指導」が溢れかえる組織において、実際に、各地でパワハラの告発が相次いでいます。ましてや党職員に対しての「圧」は火を見るよ

りも明らかです。現職の職員に聞いても、「過大な要求」が乱発されているそうです。

本書でお話しさせていただいた「未払い残業代」の問題に関しても、共産党の小池書記局長は、「自主的、自発的に活動」している、などと述べています（同）。

就業規則で「労働時間」を定めていて、社会保険料を納めており、解雇の際には「解雇通知書」を交付しているのに、雇用ではなく、労働者でもなく、「労働時間」という概念そのものを否定しているのでしょうか？

まさに、共産党が批判していた「労働法の潜脱」や「定額制働かせ放題」を地でいくやり方を、これからも続けるつもりなのでしょうか。

私たちが確認しているのは、過大なノルマを強いていて「命令」などしていないととぼけ、長時間労働を強いていて「自主的、自発的に活動」している、などとうそぶく方々が党を代表して発言しているという忌まわしい現実なのです。

どこが「労働者の党」なのか。開いた口がふさがりません。

もう少し言行が一致していれば支持者も増えるかもしれないのに、ただ残念です。

（3）公正な社会を実現するために

共産党は、民間企業のはるか後進に位置していると評価できます。マラソンで言えば「周回遅れ」かもしれません。

このことは、党首公選制などを導入しないことによる「無責任体質」とも表裏の関係にある営責任を問われて経営者は退陣することになります。

民間企業では、パワハラや、違法行為に対しては、マネジメントが働いて調査がされます。また、働いている人たちの人権侵害や、ステークホルダーの人権を侵害していたら、スポンサーが撤退したりして、社会的な制裁を受けます。

共産党は、極めて後進的な法令遵守に対する意識・人権意識しか持ち合わせていないようです。しかし、仮にも国政政党である以上、せめて民間企業並みにはコンプライアンスを遵守しないと、社会全体の秩序にも関わる由々しき事態を招きかねないと危惧しています。

日本社会の未来のために、こうした矛盾を正すべき時が来ている。私たち一人ひとりが声を上げることで、より公正な社会を実現できるはずだと考えるのですが、みなさまはどのように感じられたでしょうか。


【引用・参照文献】

「『労働者の党』が労働法令違反、共産党福岡県委の是正指導問題」（２０２５年1月20日・産経新聞配信記事）
https://www.sankei.com/article/20250120-LFKGZAY3XRM5HBIZ3PQB3WVGHE/

「共産党福岡県委に是正指導、福岡中央労基署　就業規則の届け出怠る」（２０２５年1月21日・産経新聞配信記事）
https://news.yahoo.co.jp/articles/1b1e8dfe38bf298eadbdf2f487b6559dc7930f8?source=sns&dv=sp&mid=o

ther&date=20250121&ctg=dom&bt=tw_up

「共産・小池書記局長、専従職員の党側からの『指揮命令』を否定『自主的、自発的に活動』」（２０２５年1月27日・産経新聞掲載記事）

https://www.sankei.com/article/20250127-HF26VJTDKFOI5HOPIX3GABABAM/

参考文献一覧

本書を執筆するにあたり、多くの文献を参照させていただきました。そのすべてを記すことはできませんが、主なものを掲げておきます。なお、本文中にこれらの文献の文章表現を引用させていただいた箇所もありますが、本書はいわゆる学術書ではなく、ノンフィクションおよび学習用の本ですので、その性質上において必要な部分以外は引用した文献名を逐一明記することはしませんでした。ここに記して感謝申し上げる次第です。

1　労働法（関係法令）について

菅野和夫『労働法』（弘文堂）
西谷敏『労働法』（日本評論社）
水町勇一郎『詳解労働法』（東京大学出版会）
浅倉むつ子・島田陽一・盛誠吾『労働法』（有斐閣）
下井隆史『労働法』（有斐閣）
下井隆史『労働基準法』（有斐閣）
西谷敏『労働組合法』（有斐閣）
盛誠吾『労働法総論・労使関係法』（新世社）
小西國友・渡辺章・中島士元也『労働関係法』（有斐閣Sシリーズ）

尾崎哲夫『はじめての労働法』（自由国民社）
中窪裕也・野田進・和田肇『労働法の世界』（有斐閣）
『労働法の争点』（有斐閣）
東京大学労働法研究会編『注釈労働基準法（上）』（有斐閣）
東京大学労働法研究会編『注釈労働基準法（下）』（有斐閣）
『基本法コンメンタール労働基準法』（日本評論社）
『労働関係法規集』（独立行政法人労働政策研究・研修機構）
『労働判例百選』（有斐閣）
『最新重要判例２００　労働法』（弘文堂）
『判例六法』（有斐閣編）

2　ハラスメント関係について

【参考文献・資料など】

「令和５年度 職場のハラスメントに関する実態調査」（厚生労働省ＨＰ）
chrome-extension://efaidnbmnnnibpcajpcglclefindmkaj/https://www.mhlw.go.jp/content/11910000/001256082.pdf
「職場における・パワーハラスメント対策・セクシャルハラスメント対策・妊娠・出産・育児休業等に関するハラスメント対策は事業主の義務です！」（厚生労働省ＨＰ）

chrome-extension://efaidnbmnnibpcajpcglclefindmkaj/https://www.mhlw.go.jp/
content/11900000/001019259.pdf
「カスタマーハラスメント対策企業マニュアル」（厚生労働省ＨＰ）
chrome-extension://efaidnbmnnibpcajpcglclefindmkaj/https://www.mhlw.go.jp/
content/11900000/000915233.pdf
『わかりやすいパワーハラスメント新・裁判例集』（公財・21世紀職業財団）
『わかりやすいセクシャルハラスメント妊娠・出産育児休業等に関するハラスメント新・裁判例集』（公財・
21世紀職業財団）
『わかりやすい職場のハラスメント新・裁判例集〈令和版〉』（公財・21世紀職業財団）

3　日本共産党および一連の共産党関連事件について

碓井敏正『日本共産党への提言』（花伝社）
松竹伸幸『私は共産党員だ！』（文藝春秋）
松竹伸幸『シン・日本共産党宣言』（文藝春秋）
松竹伸幸『不破哲三氏への手紙』（宝島社新書）
中北浩爾『日本共産党』（中公新書）
中北浩爾『日本共産党の１００年』（朝日新聞出版）
不破哲三『歴史から学ぶ』（新日本出版社）

適菜収・清水忠史『日本共産党政権奪取の条件』（ＫＫベストセラーズ）
ワタナベコウ『ワタナベ・コウの日本共産党発見!!』（新日本出版社）
ワタナベコウ『ワタナベ・コウの日本共産党発見!!②』（新日本出版社）
松竹伸幸『共産党除名撤回裁判の記録Ⅰ』（かもがわ出版）
松竹伸幸『共産党除名撤回裁判の記録Ⅱ』（かもがわ出版）
碓井敏正・五野井郁夫・小林節・西郷南海子・醍醐聰・堀有伸・松尾匡・松竹伸幸・宮子あずさ・和田静香『続　希望の共産党』（あけび書房）
日本共産党員・元党員の有志編『日本共産党の民主的改革を求めて』（あけび書房）

おわりに

本書をここまで読んでくださって、ありがとうございました。

本書で横軸とした1つめのテーマは、〝組織と個人との関係〟でした。

人権侵害は、国家によってだけではなく、組織によっても行われます。

特に、強大な組織が建前の綱領や規約を恣意的に解釈して、個人の人権を侵害してしまうことは、憂うべき事態です。

個人を犠牲にする組織であってはならないし、一人ひとりが輝ける組織でなければならない。強くそう思います。

一部の人間が恣意的な解釈を展開し、組織を私（わたくし）にすることは、稀な事例ではありません。

たとえば、あなたが働いている会社で、突然、やってもいないことの罪を着せられたり、就業規則を恣意的に解釈されて不当に解雇されたり、本来は正式な手続で懲戒処分せねばならないところを証拠が不十分なので「社員の資格を自ら放棄したものとみなす」と意味不明の〝カジュアル解雇〟をされてしまった場合、あなたはどのように思うでしょうか。

本書に掲載した事例は「組織と個人との関係」という不偏的なテーマに引き直すことが可能です。たとえば、会社と個人の関係には力関係があります。不当なことが行われたときに、正しいかどうかを不当なことを行った側が決めるような組織では、恒久的に人権侵害が繰り返されるのではないでしょうか。

共産党は、労働者の党を標榜し、人権を守る組織であることを標榜してきました。そのような組織が、労働者を余りにも不当なやり方で解雇し、人権侵害に抗議する者に対して、「粛清」するが如く人権を抑圧する。

このような現在進行形で行われていることの異常性に社会的な警鐘を鳴らすため、書き下ろしたのが本書です。

本書で横軸とした2つめのテーマは、〝目的と手段とのすり替え〟でした。

〝目的と手段とのすり替え〟というと、イメージがしにくいかも知れませんね。

たとえば、中世では、当初、キリスト教は人間解放の手段として登場しました。支配層から抑圧される人間にとっての武器であり、解放の道具であったわけです。

しかし、キリスト教はキリストの教えから乖離し、いつしか支配層に利用されていきます。「聖書」よりも「教会」の権威が上に置かれるようになります。

そのようななか、支配層が、人間抑圧の手段（支配の道具）としてキリスト教を利用してきた、という歴史があります。

「キリストの教え」と「キリスト教」とが異なるように、「マルクスの思想」と「マルクス主義」とは異なります。

「奴らにムチを」といって拍手喝采を送った相手から、結局は自分が鞭で打たれる。このような事例は枚挙にいとまがありません。

人間にとって、幸せに生きられること、個人の尊厳が守られることが何よりも重要です。

個人が尊重される社会をつくるために、本能、欲求、現場の事情のニーズを満たすという目的の実現のために、複数の個人が協同し合うことで、それらのニーズを満たしていこうとします。

そのための媒介物＝手段がルールや制度、思想などの観念です。しかしながら、この手段が往々にして自己目的化して、個人を抑圧してしまうのです。

人権を守ることが「目的」で、政党などそのための「手段」にすぎません。

しかしながら、いまや、人権の上に党幹部の権益が置かれてしまっているのではないでしょうか。

仮にも公党でありながら、一方では「労働者の党」という看板を掲げながら、他方では平気で労働者の人権を踏みにじる。

共産党が「労働者を守る」人といった場合の「労働者」には、共産党界隈の人間は含まれていないのかと見まごうばかりです。

本書では、共産党が、異論を利敵行為だとして封じ込め、組織防衛などの名目を振りかざし、陰湿な人権侵害が行われてきたことの異常性についての問題意識をぶつけてみました。

松竹さんや神谷さんの裁判資料からは、自分だけでなく、より良い社会のために裁判を闘うのだという意志がひしひしと伝わってきます。

そして、砂川さんや羽田野さんも、自らの意志で、人権侵害をする組織に抗議し、健全な組織を取り戻したかったから、抗議の声を上げました。神谷貴行さんへのパワハラや不当解雇はおかしいと。

この意志は、まちがいなく、健全な民主主義の発展を願う人たちの意志です。

おかしいことをおかしいという人たちの声をあざ笑うかのように、共産党では、大量の除名・除籍がなされました。異論を持ったものを「粛清」することが正しいかのように。

もはや、人間のうえに組織をおいているのが、共産党の実態です。

もはや、人権のうえに規約をおき、その規約を恣意的に解釈して人権を侵害しているとしか思えないのが、いまの共産党の実態です。

最大の悲劇は、悪人の暴力ではなく、善人の沈黙である。沈黙は暴力の影に隠れた随伴者である。

アメリカにおける公民権運動の活動家であるキング牧師が語られた言葉です。

筆者は、この問題は他人事ではないと思い、法律家として自己の見解を明らかにすることにしました。

沈黙することによって悪人の圧制に加担する者になりたくない、黙示の同調者になりたくない、との思いからです。

声をあげた方々や、被害にあわれた方の心の痛みを後世に伝えるためにも、書物として残すことには意味があると思います。

言論・出版の自由を守る出版社である、あけび書房さんには、感謝の気持ちでいっぱいです。

とりわけ、理論だけでなく、行動を伴った人物である、代表の岡林信一さんには、〝漢〟を感じました。

プロテストする人たちは、私たちに「背中」を見せてくれています。

今はまだ、出ては打たれ、出ては殴られ、死屍累々を築いていると思われているかもしれません。

しかし、歴史上、打ち倒されても打ち倒されても、ひたすら前に出て勝利した人々は、枚挙にいとまがありません。

筆者が尊敬しているキング牧師は、インド独立の父と呼ばれる、マハトマ・ガンジーを尊敬していました。

アメリカの公民権運動も、ガンジーが掲げた「非暴力、非協力、不服従」の理念の影響下で進められています。

独立をかちとったインドの人々の史実を写した映画が「ガンジー」です。

この映画には、「非暴力、非協力、不服従」を胸に、隊列を組んで迫ってくる無抵抗のインド人たちを、えんえんとイギリス兵が殴り倒す。そんな目をそむけたくなるような場面があります。

イギリス兵たちは、力一杯、殴り倒したインドの人々を見て、何を思ったのでしょうか。

殴り倒されたインドの人々を見て、嘲笑したのでしょうか。

「もう次はやってくるまい」と思ったのでしょうか。

「お願いだから、もう次は来ないでくれ」と思ったのでしょうか。

だが、人々は、再び立ち上がりました。

何度でも立ち上がりました。

ひたすら隊列を組み、前に出て、幾度でも打ち倒されました。

そして、その意志は母国を変えた。

彼らは知っていたはずです。

正しい理想の名のもとに、打ち倒されるは栄光である、と。

この姿は、民主的改革を求めてたたかっている方々にも重なります。

民主的改革を求めている人たちは、組織内の官僚に、「こんな連中」が、と冷淡に笑われているかもしれません。

打ち倒されているかも知れません。

しかし、声をあげた人たちもまた、敗北とは思っていないはずです。

自己の立場を顧みずに声を上げ、倒されて立ち上がる姿こそが、最大の信用を増す実績になっているのだから。


最後に、人権侵害の加担者である共産党の官僚の方々へ

否定的なものが否定されるという弁証法からは、共産党自身も逃れられません。

やがて、歴史によって、審判が下されるでしょう。

そして、必ずや、歴史はプロテストする人たちに勝利の判決を下すでしょう。

民主的改革を推し進めない限り、日本共産党に未来はないでしょう。

最後に、みなさまへ

見ず知らずの人が痛めつけられているのを見て、いても立ってもいられなくなる感覚。

この感覚のことを、人権感覚、というのだそうです。

人権問題は互いにつながっています。

本書では、政党で行われた人権侵害について取り上げました。

誰もが、政治に無関心でいることはできても、無関係（無影響）でいることはできません。

そういう意味では、民主主義社会において、人権を大切にする社会をつくっていきたいと願うすべての人にとっての憂慮すべき問題なのです。


本書を通じて、あなたとともに、民主主義と政党の関係や人権問題について考えていくことができたことを心から感謝しています。

そして、どうか、これからも松竹さんや神谷さんの裁判を、プロテストする者たちの闘いを、見守ってください。応援してください。この本を横へ広げてください。

また、きっと、お会いしましょう。

ありったけのありがとうを込めて。小さな希望を胸に。

活動家の熱き情熱を込めて、同じ志を持つ方々をエンパワーメントします。


この本を最後まで読んで下さってありがとうございました。

特定社会保険労務士・作家　北出　茂

北出　茂（きたで　しげる）
きたで社労士事務所所長
特定社会保険労務士。文筆家。経営法務コンサルタント。

＜略歴＞
学生時代、学内法律討論会３連覇、関西学生法律討論会総合優勝、全日本学生法律討論会優勝（同討論会の過去の優勝者には石破茂氏［自民党・内閣総理大臣］がいる）。社会人時代、数億円を超える契約交渉や示談交渉を幾度もまとめる。開業社労士（所長）、企業法務部（法務部長）、労働組合役員（委員長・書記長）という３つの立場で、労働問題（労務問題）に取り組んできた。ハラスメント防止委員会で議長を務めるなど、ハラスメント問題の専門家でもある。

＜取得資格・学位＞
特定社会保険労務士（特定付記）、行政書士、法務博士、宅地建物取引士、ファイナンシャルプランナー、第１種衛生管理者ほか

＜所属等＞
大阪府社労士会
NPO 法人「働き方 ASU-NET」常任理事
厚労省事業委託団体「過労死防止大阪センター」事務局長
大阪労連・「地域労組おおさか青年部」顧問
経営労務研究会「天満塾」（社労士・弁護士・大学教授らのつどい）正会員

＜著書・共著等＞（紙の本）
『過労死のない社会を』（岩波セミナーブックス、2012 年）、『これではお先まっ暗』（学習の友社、2018 年）、『労働ＮＰＯの事件簿～仕事をめぐる「名もなき人たち」のたたかい～』（花伝社、2023 年）

使える！労働法の常識　共産党で起きている問題から考える

2025 年 4 月 23 日　初版 1 刷発行

著　者　北出茂

編集協力　油鳥、砂川絢音、羽田野美優

発行者　岡林信一

発行所　あけび書房株式会社

〒 167-0054　東京都杉並区松庵 3-39-13-103
☎ 03.-5888- 4142　FAX 03-5888-4448
info@akebishobo.com　https://akebishobo.com

印刷・製本／モリモト印刷

ISBN978-4-87154-287-6　C2032

あけび書房の本

共産党の「改革」か、「新党」か

革新・共同党宣言

鈴木元著　日本共産党に未来はあるのか？　党歴60年の経験から提案する民主勢力再生のための試論。混迷する日本の政治を前進するためにはどうあるべきか、国民的討論を呼びかける。

1100円

再生を願って

続・希望の共産党

碓井敏正、五野井郁夫、小林節、西郷南海子、醍醐聰、堀有伸、松尾匡、松竹伸幸、宮子あずさ、和田静香著　閉塞する日本政治の変革」を左右する日本共産党の存亡の危機。10人の識者が同党の自己改革を期待こめて提案する。

1650円

期待こめた提案

希望の共産党

有田芳生、池田香代子、内田樹、木戸衛一、佐々木寛、津田大介、中北浩爾、中沢けい、浜矩子、古谷経衡著　愛があるからこそ忌憚ない注文を、それぞれの思いから識者が語る。**【推薦】西原孝至**（映画「百年の希望」監督）

1650円

私の日本共産党論

「日本左翼史」に挑む

大塚茂樹著　元岩波書店の敏腕編集者による池上彰、佐藤優「日本左翼史」三部作の読み込みを背景によみがえる戦後史の一断面。**【推薦】有田芳生**（ジャーナリスト、衆議院議員）**中北浩爾**（中央大学教授、政治学者）

1980円

価格は税込